JN183904

ドレスデン　フラウエン教会の奇跡

森泉朋子

鳥影社

フラウエン教会の外観。

ノイマルクト広場に立つフラウエン教会。

フラウエン教会の内部。オルガン・祭壇・説教台が一直線上に並び、
それを取り囲むようにして席が配置されている。

フラウエン教会の祭壇の中央部。ゲッセマネで祈るキリストと天使の像。

クリストフ・ヴェッツェルによって描かれた天井画。
四人の使徒と四つのキリスト教の徳が描かれている。

上から見たフラウエン教会内部の様子。

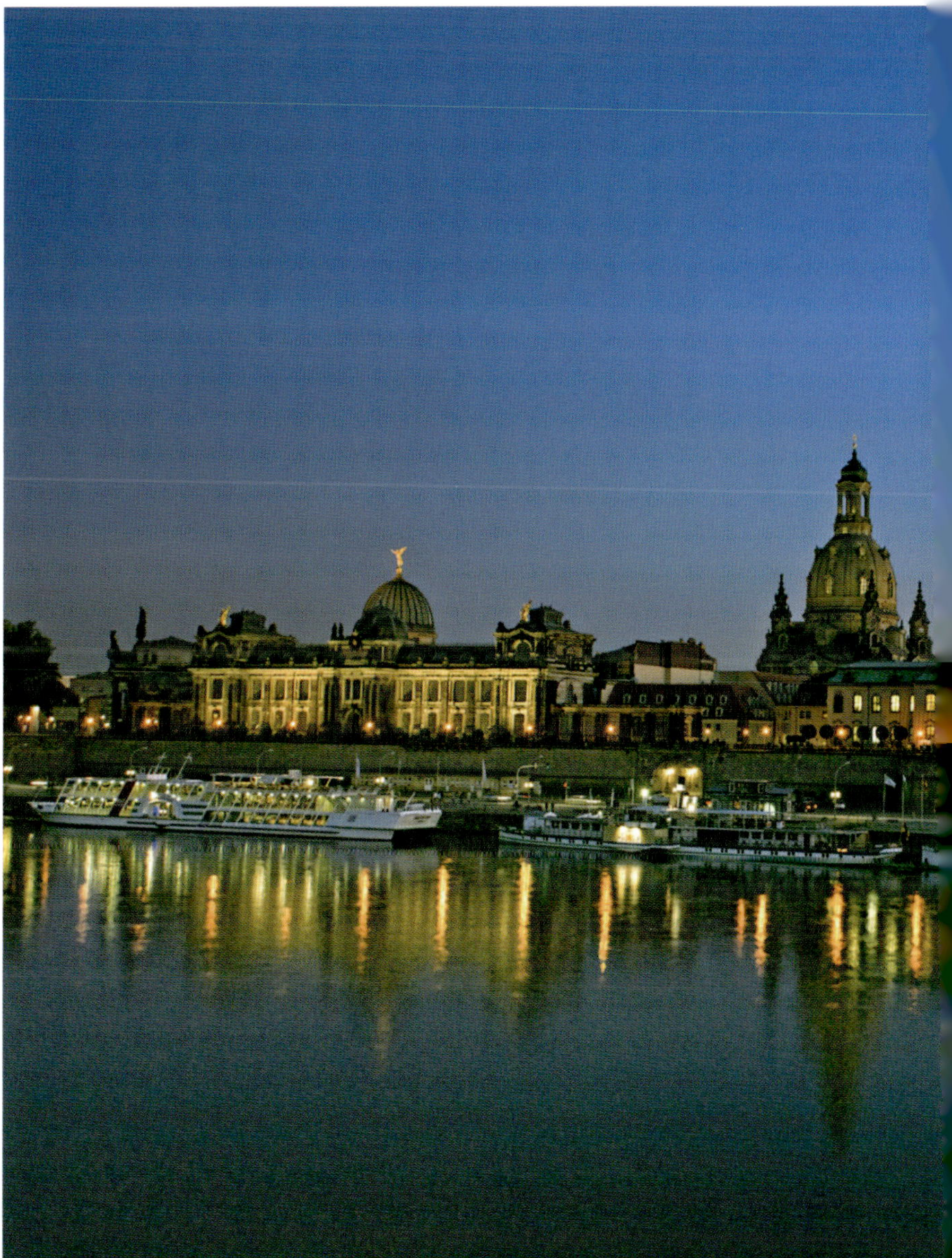

フラウエン教会の再建によって、ドレスデンは町のシルエットを取り戻した。手前はエルベ河。

自らが手がけた、新しい黄金の十字架を見守るイギリス人鋳物師アラン・スミス。

目次

ドレスデン　フラウエン教会の奇跡

何事にも時があり
天の下の出来事にはすべて定められた時がある。
生まれる時、死ぬ時
植える時、植えたものを抜く時
殺す時、癒す時
破壊する時、建てる時
泣く時、笑う時
嘆く時、踊る時
石を放つ時、石を集める時
抱擁の時、抱擁を遠ざける時
求める時、失う時
保つ時、放つ時
裂く時、縫う時
黙する時、語る時
愛する時、憎む時
戦いの時、平和の時。

（コヘレトの言葉　三章一節〜八節）

はじめに

二〇一一年八月、私はドレスデンを訪れた。第二次世界大戦末期、英・米軍の空襲を受け灰と瓦礫の町と化したドレスデンは、エルベ河のフィレンツェと謳われたかつての威容を取り戻していた。初めてエルベ河越しに塔の並び立つドレスデンの町を見たときの感動は忘れられない。右からツヴィンガー宮殿、カトリック宮廷教会、ドレスデン城、フラウエン教会、そして、美術アカデミー。文化と芸術の粋が立ち並ぶ壮大な眺めに息を飲んだ。

ドレスデンに見所は多々あったが、空襲で崩れ落ちていたフラウエン教会が二〇〇五年に再建されたというニュースを聞いて以来、何をおいても訪れたかったのがフラウエン教会だった。ホテルに着くとすぐ、私はフラウエン教会をめざして足を速めた。ノイマルクト広場に出ると、目の前に堂々たるフラウエン教会が立っている。その圧倒的な存在感に胸が震えた。新しいクリーム色の砂岩に戦火に耐えて残った黒い石がはめこまれ、驚くほど大胆なカーブを描く巨大な丸屋根の頂上に、かつての敵国イギリスから贈られた黄金の十字架が燦然と輝いている。

その時、教会の鐘が鳴り始めた。高らかな平和を告げる鐘だった。人が壊したものは、こうしてまた建て直すことができるのだ、失われた平和はまた取り戻すことができるのだ、と石が語り、鐘が語りかけているように感じられた。

　翌日、私は大勢の会衆とともに正午からのオルガン礼拝に出席した。鐘が礼拝の始まりを告げ、オルガンのどよもすような響きとともに礼拝が始まった。聖書の一節が朗読され、短いメッセージが伝えられた。祭壇、説教壇を取り囲むように並べられた席を一階はほぼ満員に近い会衆が埋めている。皆とともに声を合わせて讃美歌を歌い、ともに祈りを唱えたこのときから、私もフラウエン教会の共同体の一員になったのである。

　礼拝に出席してわかったことは、フラウエン教会は建物だけの教会ではないということだ。再建されておしまい、ただの美しい観光名所というのではない、今日、最も盛んに使われている教会がフラウエン教会だったのである。フラウエン教会で礼拝の行われない日、神を賛美するオルガンの音が聞こえない日、御言葉が語られない日は、一日としてない。黄金の十字架は和解と友情のメッセージを伝え、黒い石は戦争の悲惨さを伝え、新しい石は未来への希望を伝えていた。そうして、鐘は高らかに平和を告げ、オルガンは神の栄光をほめたたえ、牧師は神の言葉を伝えていた。フラウエン教会のすべてが、まさに全身全霊でメッセージを伝えていることを、私は自分の目で見、耳で聞き、体で感じたのだ。

　この時の感激を私はそのまま日本に持ち帰り、帰国後、フラウエン教会に関する本を次から次へと夢中で読んだ。この神の家がどのようにして建てられ、人々に愛され、そして、破壊されたのか。その後、どのように放置され、いかにして再建されたのか。そのひとつひとつの出来事を知れば知るほど、私はフラウエン教会に魅せられていった。と同時に、その一連の出来事に神の意志がはたらいていることを感じ取り、聖書の中の言葉が頭の中に次々に浮かんできた。フラウエン教会が私たちに伝えているメッセージを、フラウエン教会を訪ねたことがある人にも、まだ訪ねたことがない人にも伝え、共有したい。そんな思いが私にペンをとらせた。主が私のペンの力を強めてくださることを祈りつつ、物語を始めよう。

多くの貴重な写真を、イェルク・シェーナー教授、
および、ウルリヒ・ヘスラーの両氏から提供していただきました。ここに記して感謝申し上げます。

Autorin dankt Herrn Ulrich Hässler und Herrn Professor Jörg Schöner für die Abdruckgenehmigung ihrer wertvollen Fotos und für die großzügige Unterstützung.

第Ⅰ章　ゲオルゲ・ベーアの「石造の鐘」

わたしは一つの石をシオンに据える。
これは試みを経た石
堅く据えられた礎《いしずえ》の、貴《とうと》い隅の石だ。
信ずる者は慌てることはない。
（イザヤ書　二十八章十六節）

大工長ゲオルゲ・ベーア

現在、フラウエン教会（日本語で「聖母教会」とも呼ばれる）が建っている場所には一千年頃から教会が建っていたという記録が残っている。聖母マリアに献げられた教会は、最初「我らが愛する聖母教会」（„Uuser Lieben Frauen“）と呼ばれ、それがやがて短くなって「フラウエン教会」（「聖母教会」）という名前で呼ばれるようになった。

当初木でつくられていた素朴な教会は一一五〇年以降、ロマネスク様式の教会に、一三八〇年頃にはゴシック様式の教会に建て替えられた。十八世紀の初頭には、その教会も手狭になり、老朽化が目立つようになってきた。いつ倒壊してもおかしくない状況の中、ドレスン市議会は教会の建て替えを決定し、一七二二年、市の大工長であったゲオルゲ・ベーアにその任を命じる。

フラウエン教会を造った天才建築家として、ドレスデンでは知らぬ者のいないベーアであるが、いったいどんな人物だったのだろうか？　記録によれば、ゲオルゲ・ベーアは一六六六年、ドレスデンの南に広がるエルツ山地の深い森の中にある小さな村、フュルステンヴァルデで亜麻織物職人の息子として生まれた。生活は豊かとは言えないが素朴で実直で辛抱強い人が暮らしている、そんな山深いエルツの村で、ベーアは幼い頃から木を扱うすべを学んだらしい。若い頃にはオルガン建造に携わっていたこともある。一六八九年頃にはドレスデンに出て来て大工の徒弟として修業を積み、一七〇五年、三十九歳でついに市の大工長にまで登りつめた。

大工長になったベーアには、次々に仕事の依頼が入ってきた。貴族の館や裕福な市民のための家を建て、ドレスデン近郊のいくつかの教会の建築を手がけるようになった。ロシュヴィッツ、シュミーデベルク、フォルヒハイム、そしてドレスデンの三王教会。フラウエン教会の建て替えは、このように経験を積んだベーアでさえも未だかつて経験したことのない一大プロジェクトであった。すでに五十六歳になっていたベーアにとって、その任務は決して軽くはなかったはずである。

しかし、ベーアはプロテスタントの精神を体現する教会を造ろうと意気込んでいた。何よりも大切な神の言葉を伝える説教壇を中心に置き、説教壇、洗礼盤、祭壇、オルガンを一直線上に並べ、説教壇を取り囲むように半円形に会衆の席を配置する。オルガンの音、賛美の声を豊かに鳴り響かせるためには石造の屋根こそがふさわしい。何と言っても、音楽は神の国への門を開く鍵なのだから……。ベーアの頭の中には理想の教会のイメージが鮮明に描かれていた。

資金難に苦しんだ建築工事

建て替えが決定されてから実際に工事が始められるまで、いったい何度設計図が引き直され

ゲオルゲ・ベーアによって建て替えられる前のフラウエン教会は、
それほど大きな教会ではなかった。
1720 年の銅版画。

たことだろう。一七二六年八月、最初の礎石が置かれた時には建築決定からすでに四年の歳月が流れていた。

ベーアは市議会からの同意を得やすいようにと、常に予算を低く見積もって議会に提出していた。一七二三年に全部で一〇万三〇七五ターラーと見積もっていたのにかかわらず、五年後には一二万七〇〇ターラーに訂正している。一七三三年にはまだ丸屋根すら載っていないのに、すでに一六万七八四九ターラーもの費用がかかってしまった。この、常に費用を低く見積もるというのは、ベーアの悪い癖だった。工事は資金不足のためにたびたび中断を余儀なくされた。

当時ドレスデンを治めていたアウグスト一世（「アウグスト強王」とも呼ばれる）からの資金援助は望めなかった。アウグスト強王はプロテスタントではなく、カトリック教徒だったからである。これには、当時ドレスデンの選帝侯がポーランド王を兼ねていたこと、ポーランドの王冠を戴くにはカトリック教徒でなければならず、そのためにアウグスト強王は周囲の人々の反対を押し切って、カトリックに改宗してしまったという事情があった。そんなわけで、フラウエン教会の建築費用は、市民たちの力で集めなければならなかったのである。

もっとも、アウグスト強王は新しく造られるフラウエン教会に無関心ではなかった。ドレスデンをヴェネツィアのような美しい町にしたいと願い、エルベ河を大運河《カナル・グランデ》に、フラウエン教会をサンタ・マリア・デッラ・サルーテ教会になぞらえ、フラウエン教会がドレスデンの町を一層美しいものにすることに期待を寄せていたのである。

ベーアは市議会に資金の追加を依頼する手紙を再三書いている。それでも足りないときは、私財を投じた。フラウエン教会の石が高く積まれていくにつれて、ベーアの懐は貧しくなった。家族を顧みることなく働くベーアから、家庭の幸福は遠ざかっていった。

石造の丸屋根

当初の計画では、教会の屋根は木材でつくり、その上に載せる鐘楼を銅で覆うことになっていた。少なくとも、市議会の方ではそう把握していた。しかし、ベーアは最初から屋根をすべて外壁と同じ石でつくるつもりでいて、その案を市議会には秘めていたようなのである。そうでなければ、八本の柱を木製の屋根を支えるのに必要とされる太さよりはるかに太く頑強につくるよう、ベーアが指示していたことへの説明がつかない。

ベーアは木材や銅を使うより地元の石を使った方が費用が安くてすむこと、石の方が丈夫で長持ちすること、そして何よりも石造で丸屋根を造れば、下から上まで同じひとつの石でできているかのような印象を与えることを市議会に説明し、説得を試みた。一七三三年、何度も討議を重ねた末に、ベーアの案が受け入れられた。

なぜ、ベーアはこれほどまでに石造にこだわったのだろうか。費用や耐久性のことばかりでなく、ローマのサン・ピエトロ寺院、フィレンツェのサンタ・マリア・デル・フィオーレ大聖堂などのような石造の丸屋根を載せた教会に対する憧れがあったのかもしれない。また、かつてオルガン建造家として修業を積んだ経験から、オルガンの音や賛美の歌声には石づくりの高い建物の中でこそ、最大の音響効果がもたらされることを知っていたということもあるだろう。いずれにしろ、フラウエン教会の丸屋根を外壁と同じ砂岩でつくることをベーアは主張し、最終的に彼の意見は通ったのである。

しかしながら、いくら柱を太くしていたとは言え、本当に石造の重い屋根が載るかどうか、疑問視する声は絶えなかった。現在のように、構造力学もコンピュータ技術も発達していなかったその当時、ベーアは計算によってではなく、自分の勘のみを頼りに建物を設計した。腹心の友、市の左官長フェーレでさえ、市議会から意見を求められた際、柱と壁が石造の屋根を支え切れるかどうかは保証できないと、ベーアに反対する意見を述べている。

事実、その後、石の屋根が高く積まれていくにつれ、柱や屋根の彎曲部分に亀裂が生じた。ちょうど同じ頃、フラウエン教会のすぐ近くでアウグスト王のためにカトリック宮廷教会を建てていたイタリアの建築家キアヴェーリはその様を見て驚愕し、木で屋根をつくるよう、忠告した。しかし、ベーアは信頼していた友人に裏切られても、周囲から疑問の声が上がっても、断固として自分の考えを押し通した。柱を補強しながら作業は続き、幸い、それ以上亀裂は広がることもなく、柱や壁が崩れ落ちることもなかった。

つきまとう資金難と自分の考えが周囲に理解されない苦しみの中、ベーアは孤独を深め、しだいに頑固に気難しくなっていった。

ジルバーマンのオルガン

ルター派プロテスタントの教会で、オルガンの果たす役割は大きかった。礼拝の中では会衆がともに讃美歌を歌うことが非常に重要視されていた。オルガンは常に賛美の歌声とともにあった。前奏によって会衆を讃美歌へと導き、力強い和音で会衆の歌声を支え、間奏や後奏によって彩りを添えた。讃美歌をモチーフに様々な即興曲が弾かれることも珍しくなかった。ブクステフーデもバッハも即興演奏の名手であり、その即興演奏から名曲が生まれている。礼拝の始まりにも終わりにも必ずオルガンが演奏され、人々の心を天に向かわせる役割を果たしていた。ベーアは、このようなオルガンの重要性を十分認識していた。自分が造るフラウエン教会には最高のオルガン建造家がつくった最高のオルガンを置きたいと熱望し、オルガンの設置場所として、教会の正面の一番目立つところ、祭壇の真上を用意した。この大役を引き受けられるのは、ゴットフリート・ジルバーマンをおいてほかには考えられなかった。ジルバーマンは、これまでザクセンの諸教会にオルガンを建造していた。なかでも、ドレスデンからほど近い、フライベルク大聖堂につくったオルガンは名器との評判が高かった。「フラウエン教会は、ザクセンで一番大きなプロテスタントの教会になるだろう。その教会に、君が今までつくった中で一番大きなオルガンをつくってほしい。」ベーアからの要請、そしてドレスデン市議会からの正式な依頼を受けて、ジルバーマンはオルガンの製作にとりかかった。

一七三六年十一月二十五日、四十三のレジスターを有する壮大なオルガンがフラウエン教会に奉献された。そのわずか一週間後には、ライプツィヒのトーマス教会でカントルをしていたJ・S・バッハがジルバーマンじきじきの要請でドレスデンに駆けつけ、二時間にわたって演奏を行った。明るく輝かしいジルバーマン・オルガンの音が教会の隅々まで響きわたり、ベーアのつくった石の丸屋根をのぼっていく。すでに、教会の石の丸屋根は鐘楼を載せるところまでできていた。そして、この日、教会の宝とも言うべきオルガンの音が石の教会の内部を満たしたのである。ここに至るまでの道のりの何と険しく苦難に満ちていたことか。ジルバーマンのオルガンはそんなベーアの苦労も吹き飛ばしたに違いない。石が、音楽が、そして、美しい彫刻と装飾のすべてが神を賛美していた。「ただ神の栄光のために」（„Soli Deo Gloria"）と。

ゲオルゲ・ベーアの死

ベーアは自分の設計したフラウエン教会の完成を見届けることができなかった。晩年、病で床に伏せると、遅々として進まない工事に気をもみながら、一七三八年三月十六日、天に召された。七十二歳だった。どんなに無念だったことだろう。

ベーアの死後、その跡を継いだのは左官長フェーレだった。専門家としての経験と責任感から屋根を石で造ることに反対していたフェーレは、それでも最後までベーアとともに働き、彼を支援し、その遺志を継いだ。

一七四三年五月二十七日、重さ一万二〇〇〇トンにもなる丸屋根の、その上にある鐘楼の小さな銅製屋根の上に鉄製の十字架が載せられ、ここについにフラウエン教会は完成した。着工から十七年が経っていた。最終的に二八万八五一〇ターラーにまでふくらんだ建築費用を調達したのは、ドレスデン市民だった。

石造の丸屋根の教会はフラウエン教会のほかにも、フィレンツェ、ローマ、ヴェネツィア、ロンドン、パリなどにある。しかし、これらの教会は屋根の形が半球に近かったり、外壁と屋根との境がはっきり分かれていたり、丸屋根の彎曲部分がいくつかの部分に区切られていたりする。これらに対して、フラウエン教会は外壁と丸屋根との間に境目がなく、ひとつながりになっているように見える。まさに、ベーアが思い描いていた「下から上まで同じ一つの石でできている」かのような、地面から石の建物が生え出たような、そんな建築なのである。

そして、その屋根の曲線の何と優美で流れるようになめらかなことか。丸屋根の付け根から約三分の一の高さまでほぼ垂直に上に伸び、そこからゆるやかな弧を描いて円を閉じていく。その鐘のような独特な形から、フラウエン教会の屋根は「石造の鐘」と呼ばれるようになった。それは、両手を合わせて神に祈るときの、その手の形にも似て、人々をあたたかく包み込むようなやさしさがある。

「石造の鐘」はドレスデン市民にこよなく愛され、親しまれ、いつしかドレスデンの町の風景に欠かせないものになっていった。

第Ⅱ章　ドレスデン大空襲までの二〇〇年

ある人たちが、神殿が見事な石と奉納物で飾られていることを話していると、イエスは言われた。「あなたがたはこれらの物に見とれているが、一つの石も崩されずに他の石の上に残ることのない日が来る。」

（ルカによる福音書　二十一章五節～六節）

プロテスタント教会の最高峰として

アウグスト一世、それに続く息子のアウグスト二世の時代に、ドレスデンは豪華絢爛たるバロックの花を咲かせた。この二人がドレスデンを治めていた頃に、ツヴィンガー宮殿をはじめ、カトリック宮廷教会、アウグスト橋などのバロックの名建築が次々と建てられ、ドレスデンは壮麗なバロックの町に生まれ変わった。数々の絵画、陶磁器が世界中から収集され、宝石、貴金属を使った精巧な工芸品がつくられたのも、この時代だった。フラウエン教会はプロテスタントの教会建築の最高峰として認められ、国内外にその名を知られるようになった。

しかし、その栄華にも、ザクセンとプロイセンとの間に起こった七年戦争の始まりで翳りが生じた。ドレスデンは戦場となり、一七六〇年、市内の十字架教会は焼け落ちた。幸い、フラウエン教会は激しい砲丸の攻撃に耐え抜き、プロイセンのフリードリヒ大王をして「そういうことなら、あの古い石頭はそのままにしておけばいい」と言わしめている。

その後、ドレスデンにナポレオンが入って来た際には、フラウエン教会は軍の宿営場所などとして使われ、損傷を受けた。しかし、ナポレオン軍が引き上げた後補修され、一八一三年以降、再び礼拝が守られるようになり、フラウエン教会はプロテスタント信仰の拠り所として、また、戦争で破壊された十字架教会の代わりに教会音楽の中心地として、重要な役割を担う

ヴェネツィア人画家ベルナロド・ベロット（通称カナレット）によって描かれたフラウエン教会とノイマルクト広場の絵（1748/1749、ドレスデン国立美術館蔵）。
ベロットはアウグスト３世の宮廷画家として、多くのドレスデンの絵を描いた。

ようになった。十字架合唱団の一員だったワーグナーはフラウエン教会で歌い、「パルジファル」第一楽章はフラウエン教会で歌われることを想定して作曲された。マーラーの第八交響曲がフラウエン教会で初演され、バッハのカンタータやオラトリオが盛んに歌われ、音楽祭が開かれた。ルター没後三百年祭、生誕四百年祭が祝われ、フラウエン教会はザクセンの宗教的祝祭の会場として、また、プロテスタント教会の中心としての役割を果たし続けた。

第二次世界大戦前のフラウエン教会の様子。一八六〇年から九〇年の間に撮ったものと推定される。

ナチスの時代

一九三三年、ヒトラーが政権をとると間もなく、ドイツの教会はヒトラーお墨付きの「ドイツ・キリスト者教会」に入るよう、迫られた。ほとんどの教会がナチス公認の教会に組み込まれていく中で、ナチスとは一線を画し、「キリストの福音は人種、出自に関わらず、すべての人間に向けられている」ことを宣言した教会が組織された。「告白教会」である。

フラウエン教会は、ザクセンの告白教会の中心的な役割を担った。これには、ドレスデンの教区監督でありフラウエン教会の主任牧師であったフーゴー・ハーンによるところが大きい。ナチスへの抵抗を指揮したハーン牧師は、一九三八年五月十二日、職を解かれてドレスデンから追放された。そうして、フラウエン教会は戦争が終わるまで、ドイツ・キリスト者教会に隷属することになった。

戦後、ハーンはドレスデンに戻って復帰を果たし、ザクセン州の主教に選ばれた。一九五七年にハーン牧師が亡くなった時には、数千人もの人々がハーンの柩をとり囲み、十字架教会からフラウエン教会廃墟までの道のりを付き添った。ハーン牧師のレリーフは、再建されたフラウエン教会の二階祈禱室の入口C付近にかかっている。フラウエン教会を訪れる機会のある人は、ぜひ注意して見てほしい。

戦争中の大修繕

建設中から柱や屋根に亀裂が生じ、本当に丸屋根が載るかどうかで物議を醸したフラウエン教会には、果たして十九世紀からすでに綻びが生じ始め、たびたび補修が必要になった。壁のひび割れや石と石の接合部分の修繕、緩んできた石の固定、傷みの激しい石から新しい石への交換、窓のガラスのはめ直し、オルガン・祭壇・説教壇の金箔の塗り直し、内部の装飾の色の塗り替え、さらには暖房の設置まで。建物の外部にも内部にも手が入れられ続けたが、一九三〇年代末には丸屋根の付け根部分に亀裂が生じ、教会は閉鎖を余儀なくされた。

一九三八年、戦争中にもかかわらず、ゲオルク・リュート教授、建築家アルノー・キースリングにより、大規模な修繕が始まった。キースリングは教会の各部分を計測し、何枚もの図面と絵を描いた。リュート教授は、柱の基礎の組み方と砂岩の質の悪さが教会の上部の損傷の原因になっていることを突き止め、この時初めて、フラウエン教会に付け焼刃でない根本からの修理が施されることになった。

リュート教授は基礎を補強し、コンクリートのたが状のアンカーボルトで内側から丸屋根の内部を支えて締めることで、建物の安全性を確保した。ここに至ってようやくフラウエン教会は、将来の長きにわたって安心、安全と言える建物に生まれ変わり、一九四二年、第一アドベント（待降節）の日曜日、修復の完了を祝う献堂式が盛大に行われた。ドレスデン大空襲の二年前のことだった。修繕の際に教会が細部まで正確に計測され図面が描かれたことが、後に教会を再建するに当たってどれだけ役に立ったか知れない。しかし、この大修繕を無にする悲劇が間近に迫っていることを予想する者は、その時だれもいなかった。

ドレスデン大空襲

第二次世界大戦末期、ドイツの各都市は連合軍による激しい空襲を受けるようになった。ハンブルク、デュッセルドルフ、ケルン、フランクフルト、シュトゥットガルト、ニュルンベルク、ミュンヘン……。無傷で済んだ都市はほとんどない。そんな中でドレスデンだけは「帝国の防空壕」と呼ばれ、空爆されることはないと固く信じられていた。軍事的に何の重要性もない、文化と芸術の都が空爆されるはずがない、チャーチルの親戚がドレスデンの近くに住んでいる、というのがその理由だったが、実はそれは根拠のないうわさに過ぎなかった。

敗戦の色がいよいよ濃くなってきた一九四五年二月四日、ドレスデンへの空爆がヤルタ会談で決められた。提案したのはイギリス首相チャーチルで、アメリカのルーズベルトもロシアのスターリンもこれに同意した。そこには、ドイツ東部の町を爆撃することで、ロシアの西進を助けたい、という意図があった。しかし、ドイツの敗北が時間の問題だったこの時期に、空爆は戦略的に意味がなかったという見方もある。

一九四五年二月十三日夜、七七二機のイギリス軍の飛行機がイギリスからドレスデンに向けて飛び立った。ドイツの降伏までわずか十一週間前のことだった。夜十時頃、空襲警報が鳴り響き、通称「クリスマス・ツリー」と呼ばれる照明弾がドレスデンの市街に落とされた。こうして、町が隅々まで明るく照らせるようになってから、美しいものしかなかったドレスデンへの攻撃が始まった。空襲への備えはなきに等しく、東部から命からがら逃げてきた十万を超える難民で、当時町はあふれかえっていた。攻撃は二波に分けて行われ、計三五〇〇トンもの爆弾が落とされた。人々は路上で、駅で、焼け落ちる家の中で死んでいった。その数は二万五千とも三万五千とも言われる。外にいた者は炎に焼かれた。炎が炎を呼び、巨大な「ファイヤーストーム」と呼ばれる火災旋風が起こった。アスファルトも溶けるほどの熱だった。多くの者は地下室に逃げ込んだが、その地下室も崩れ落ち、瓦礫に埋もれた人が続出した。あるいは地下室に煙が充満し、酸素不足で窒息した。外に出なければ助からなかったが、外に出ても、そこは火の海だった。

翌日、路上には黒こげになった遺体がそこかしこに見られ、建物は骨組みだけを残して、灰と瓦礫と化していた。二百年以上もの間ドレスデンの空を飾ってきたツヴィンガー宮殿もドレスデン城も、カトリック宮廷教会もゼンパーオペラ劇場も灰と瓦礫となって崩れ落ちていた。二月十四日の第三波の空爆はアメリカ軍によるものだった。すでに壊滅状態にあった町に、これ以上何を加えることがあっただろう?

翌二月十五日十時十五分頃、一日半もの間激しい空爆に耐え立っていたフラウエン教会が、大音響とともにゆっくり崩れ落ちていった。崩壊の要因は、何時間にもわたって続いた二千度にも達した高温に砂岩が耐えることができなかったからだと言われている。空爆後、不気味な静寂がドレスデンの町を包んだ。かつてエルベ河のフィレンツェと讃えられた町の面影は、もはやどこにもなかった。

これが自分たちが始めた戦争の結果であり、もとはと言えばドイツ人自身が招いたことなのかもしれない。しかし、民間人を死に至らしめ、軍事とは縁もゆかりもなかった町を破滅に追い込んだ連合国軍の側にも、全く罪がなかったと言えるだろうか。空爆に加わったあるイギリス人は、次のように語っている。「市民を殺すことになるのは気が進まなかった。しかし、あれはドイツが始めた戦争で、空爆は避けることができなかったのだ。ドイツ人もロンドンを空爆している。[16](*)」また、あるアメリカ人は「市民を殺すべきではなかったと思う。神に許しを請いたい[16]」と語っている。

一面の焦土と化した戦後の東京の写真に見慣れている私たちに、空襲後の

徹底的に破壊されつくしたドレスデンの中心部の様子。
フラウエン教会も破壊されているのが見える（中央左寄り）。

フラウエン教会も崩落し、瓦礫の山と化した。
手前にころがっているのは、マルティン・ルター像。

ドレスデンは別の意味で衝撃を与える。東京のように何もかも焼けてしまって、ほとんど残っているものがない、というのとはいささか様相を異にする。大きな石造の建物は外壁だけ残して、骸骨のように、あたかも巨大な燃えさしのようにぎざぎざに突き立ち、灰と瓦礫の山が道路を埋めつくしている。これが、ドイツ人に与えられた罰なのか。戦争の悲惨さ、酷《むご》さ、人間の罪の重さを感じずにはいられない。

（＊）行間の算用数字は巻末の「引用・参考文献」の番号を示している。

第Ⅲ章　目に見えない教会

また、はっきり言っておくが、どんな願い事であれ、あなたがたのうち二人が地上で心を一つにして求めるなら、わたしの天の父はそれをかなえてくださる。二人または三人がわたしの名によって集まるところには、わたしもその中にいるのである。

（マタイによる福音書　十八章十九～二十節）

廃墟の保存

破壊されたフラウエン教会の調査は、一九四五年三月、教会の地下室に入ることから始まった。地下室の内部からは教会所有の書物や文化財だけでなく、戦時中の大修繕の際に残した記録の一切が発見された。これら図面、絵、写真などフラウエン教会に関する詳細な資料が、後の再建に役立ったことは言うまでもない。

一九四五年八月、建築家アルノー・キースリングはフラウエン教会とフラウエン教会の建っていたノイマルクト広場の瓦礫を調査した。一九四六年にはヴァルター・ヘン博士と共同でさらに詳しい調査を行い、フラウエン教会の再建のためには六〇〇立方メートルにも及ぶ瓦礫の撤去が必要なことを割り出した。次いで、一九四八年から四九年にかけて、将来の再建に当たって再使用可能な石、八五六個を掘り起こした。キースリングとヘン博士の指示によって、石はすべて計測されて記録され、教会廃墟のすぐ裏手にあるザルツ・ガッセという通りに運ばれて、きちんと分類された上で積み重ねられた。将来教会を再建する際にはこの掘り出した石を使うつもりでこの頃から、州の文化財保護局は準備を進めていたのである。

ノイマルクト広場に残った瓦礫の山は、再建の準備が整う時までそのままにしておくことになった。一九五二年七月、文化財保護局のハンス・ナードラー博士は「ツヴィンガー宮殿とカトリック宮廷教会が再建された後には、フラウエン教会を再建したい。もとの古い石を使って当時の通りに復元することが可能である」(5)と、ベルリンのオットー・ヌシュケ副首相に宛てて書簡を送っている。

しかし、教会廃墟には手がつけられることなく、そのうち瓦礫に草が生え出した。再建のための資金もなく、宗教を目の敵にしていた共産主義国家にとって、教会の存在など目障りなだけだった。それどころか、市当局には教会廃墟を更地にして「造形美術のパビリオン」、もしくは「ダンス学校」を建設しようという計画さえあったのである。

一九五九年九月、ザルツ通りに保管していた石が突然運び去られるという

破壊されたフラウエン教会は、戦後ずっと廃墟のまま、
手をつけられることがなかった。

事件が起きた。駐車スペースを確保しなければならない、というのが市当局の言い分だった。慌てたのは文化財保護局をはじめとする再建派の人々である。市当局との話し合いの結果、石は再び教会廃墟に戻されることになった。またしても、キースリングが石の移送の任を請け負った。キースリングはこれ以上、石が運び去られたり砕かれたりするのを防ぐため、現場でずっと見張っていなければならなかった。この事件で、結局六〇〇立方メートルの石のうち約半分の三〇〇立方メートルが失われてしまった。それでも、教会廃墟が爆破されなかったのは幸いだったと言うべきだろうか。同じドレスデン市内のソフィア教会の瓦礫は、一九六三年に市当局によってすべて片づけられ、再建の望みを絶たれたのである。

戦時中の大修繕の時からフラウエン教会のために尽力してきたキースリングは、残ったオリジナルの石を用いた再建を想定し、一九四九年から十年間にわたってフラウエン教会の図面を描き続けた。二百分の一、五十分の一の全体の縮図、教会内部の部分部分の図面。一九五九年にすべての図面を描き終わり、一九六三年、この世を去った。教会の修復と将来の再建の準備のために自分を捧げた一生だった。

一九六二年に再建に必要な費用は九八万マルクと試算された。しかし、資金調達のめどがつかず、廃墟への無断立ち入りと瓦礫の崩落を防ぐ目的で、茨の垣根がつくられることになった。廃墟はまるで、茨に取り囲まれて眠り続けた眠りの森の姫の城のようだった。百年の歳月が経つまで、城を訪れる騎士のだれひとりとして城の中に入ることができなかったように、フラウエン教会も時が来るまでそこだけ時間が止まったかのように放置され、だれも再建に着手することができなかった。その間に町の復興は徐々に進んだが、瓦礫の山に茨の生い茂るフラウエン教会廃墟だけは、一種異様な光景として戦争の傷跡を町の中心部でさらし続けた。

一九六六年、フラウエン教会廃墟はドレスデン市議会によって「戦争に対する戒め」と位置づけられ、翌年、教会の完成した日と破壊された日を記した小さな記念碑が立てられた。さらに一九八二年八月十七日には次のようなことばを記した銘板が置かれた。「ドレスデン・フラウエン教会は一九四五年二月、英・米軍の爆撃によって破壊された。教会はゲオルゲ・ベーアによって一七二六年から一七四三年にかけて建てられた。この廃墟は一万人もの死者を悼み、生き残った者たちに帝国主義の蛮行に抗して人類の平和と幸福のために戦うように促すものである。」

フラウエン教会は破壊されても、人々の心の中に生きていた。いつかまた、崩れ落ちた瓦礫のひとつひとつが積まれて全体を形づくる日が来ると信じて、文化財保護局の人々は何十年もその時を待ち望んでいた。

平和と統一を求める人々

始まりは一九八二年二月十三日だった。ドレスデン大空襲を記念するその日、日本でも名高い十字架合唱団の本拠地、ドレスデンの十字架教会で第一回平和フォーラムが開かれた。五千人ほどの若者が「剣《つるぎ》を鋤《すき》に」（ミカ書　四章三節「彼らは剣を打ち直して鋤とし」の聖句による）を合言葉に旧東ドイツ各地から集まった。当時は冷戦体制の真只中で東側と西側は鋭く対立し、軍備は増強される一方だった。「武力による平和」――そんな国のあり方に疑問を持った若者たちは、シンボルマーク「剣を鋤に」を胸につけ、ドレスデンにやって来た。

活発な議論が交わされ、討論会が終わった後のことである。千人ほどの若者がろうそくを手に数百メートル先のフラウエン教会の廃墟をめざして、暗闇の中を静かに歩き始めた。だれも一言も発しない。「無言のデモ」だった。若者たちはフラウエン教会廃墟に着くと、戦争の犠牲者を悼んで瓦礫にろうそくを置き、平和を願って祈りを捧げた。

それからというもの、毎年二月十三日になると、若者がフラウエン教会跡地に集まるようになった。平和討論会はある年は十字架教会で、ある年はカトリック宮廷教会で開かれた。討論会で議論を交わし、教会で超教派による平和の祈りに参加した後に、ろうそくを手にフラウエン教会廃墟に集まるのが習わしとなった。フラウエン教会までの行進は常に沈黙のうちに行われ、廃墟で人々はろうそくの灯りのもと、静かに歌を歌うだけだった。しかし、彼らの行動の中に「平和運動」という形をとりながらも、自由を抑圧する国家への抵抗が示されていたことは否定できない。

一九八五年からはＳＥＤ（ドイツ社会主義統一党）によって、大音量で音楽を流す、サーチライトで瓦礫を照らす、瓦礫に柵をめぐらして人が近づけないようにする、などの妨害工作が行われるようになった。国家主催の政治集会（国のイデオロギーに沿った、国家が公認した集

1985年2月13日（ドレスデン空襲の記念日）に、
教会廃墟の前でろうそくを灯す市民の姿。

会は認められていた）が、若者たちの無言のデモに先んじて行われるようにもなった。

しかし、教会廃墟を戦争に対する戒めの碑、西側の好戦的な帝国主義に対する警告の記念碑としようとするSEDの試みはついぞ成功しなかった。ドレスデン市民がそれを「平和の記念碑」に読みかえたためである。市民は廃墟を、東西に引き裂かれた上今は敵対するようになってしまった祖国の平和を願うシンボルとしたのである。

当局による様々な妨害工作にもかかわらず、人々はフラウエン教会廃墟に集うことをやめなかった。毎年二月十三日になると、ろうそくの火が揺れ、平和の歌が口ずさまれ、平和を求める祈りが唱えられ続けた。その時、集まった人々の上に「目に見えない教会」が大きくなり始めたのだ、とドレスデン生まれの作家グーラチュは述べている。目に見える本当の教会の建設が始まるずっと以前、崩れ落ちた教会の廃墟の中で、人々の心の内に目に見えない教会が建ち始めたのだ、と。そして、それとともに「目に見えない共同体」が形をとり始めたのだ、と。(5)

その頃、同じザクセン州の町ライプツィヒでは毎週月曜日になると、ニコライ教会で集会が行われていた。集会に引き続き平和の祈りが捧げられた後、大勢の市民が街頭デモに繰り出した。一党独裁に抗議し、民主化と自由を求めるデモだった。デモ参加者の中には警察に連行され、刑務所に送られる者もいた。ニコライ教会では、牧師が拘束された人々の名前を読み上げた。

旧東ドイツにおける平和運動、そしてそれと連動して行われた民主化運動が、このようにドレスデンでもライプツィヒでも教会が拠点となったことは、日本ではあまり知られていない。

人々が自由にものを言えるのは教会だけだった。教会に集まった人のすべてがキリスト教信者だったわけではない。戦後の徹底した無神論教育により、一九四五年当時九五パーセントいたキリスト教徒は九〇年には二五パーセントにまで激減していた。しかし、教会は平和を求め、自由を求める人々の心の拠り所だった。心ある牧師はそうした人々に寄り添い、時に積極的に支援したのである。ドレスデンでもライプツィヒでもデモが平和裡に行われ暴力的なものにならなかったのは、ひとえに牧師や教区長からの呼びかけがあったからだと言われている。

このような流れの中で、民主化運動は一九八九年秋の歴史的な大転換へと結実し、ついにはDDR（ドイツ民主共和国）というひとつの国家を終焉させる原動力となったのである。

一九八九年十月十八日、ホーネッカーは失脚し、十一月十日、ベルリンの壁が崩壊した。ライプツィヒでのデモの参加者は二十万人にふくれ上がり、デモのスローガンは民主化要求からドイツ統一へと急展開していた。この、怒濤のごとく押し寄せる激しい時代の変化の波の中、十二月十九日、西ドイツの首相ヘルムート・コールは東ドイツ首相ハンス・モドロウとの政治会談に臨むため、ドレスデンを訪問した。コール首相は、ドレスデンのみならず東ドイツ各地から駆けつけた市民らに大歓声で迎えられ、町の中は「ヘルムート、ヘルムート」、「我々は一つの民族だ」の大合唱となった。

押しかけた群衆を前に何か話をしなければならないことを悟ったコール首相に、急遽スピーチをする場所として提案されたのが、フラウエン教会の廃墟だった。歴史的な演説の場所として、これ以上ふさわしい場所はなかっただろう。廃墟に詰めかけた何万人という群衆の耳に

1989年12月19日、
ヘルムート・コール首相は教会廃墟の前で演説を行った。

コール首相の声が響いた。「私は皆さんを窮地に追いやるようなことは決してしません。我々がともに目標に向かって努力するならば、両国家の統一を成し遂げることができるでしょう……」

その時の演説の様子は映像で世界中に流れた。黒・赤・金の国旗が揺れ、自由とドイツ再統一を求める人々の歓喜の声がフラウエン教会廃墟にこだました。フラウエン教会廃墟は、平和を求める人々にとっての聖地であっただけではない。東西に引き裂かれたドイツの統一を求める人々にとっての聖地でもあったのだ。

第Ⅳ章　ドレスデンからの呼びかけ

だれでもこの山に向かい、「立ち上がって、海に飛び込め」と言い、少しも疑わず、自分の言うとおりになると信じるならば、そのとおりになる。だから、言っておく。祈り求めるものはすべて既に得られたと信じなさい。そうすれば、そのとおりになる。

（マルコによる福音書　十一章二十三〜二十四節）

戦後から東西ドイツ統一前夜までの動き

フラウエン教会再建をめざす動きは、終戦直後からさまざまな形で行われてきた。なかでも多大な貢献をしたのがドレスデンの文化財保護官ハンス・ナードラーで、博士はフラウエン教会も再建されるべきであるとの強い信念に基づき、どんな障害にも屈せず廃墟の保存や調査を行い、報告書をまとめ上げるのに力を尽くした。

建築家アルノー・キースリング、ヴァルター・ヘン博士による瓦礫の調査についてはすでに前述した通りである。

再建のための募金活動は早くも一九四五年十二月から始まっていた。なかでも一九四六年にパウル・ジンクヴィッツが製作した募金を呼びかけるポスター「力を貸してください——教会の再建のために——」は、フラウエン教会廃墟の背後に再建成った教会の黒いシルエットが幻影のように立つ様を描いて、印象深いものである。

著名な文化史評論家フリッツ・レフラー（一八九九〜一九八八）の著書『古きドレスデン』(„Das alte Dresden“) を家に所有している市民も多かった。戦前のドレスデンを知っている者は、戦災を受ける前の美しいドレスデンの町の写真を見て郷愁をかき立てられ、戦後生まれの者は憧れに胸を焦がした。何度となく絵画に描かれ、写真に撮られてきたフラウエン教会のイ

1946年に製作された
教会再建のための寄付を募るポスター。

メージを「ドレスデンのあるべき姿」として市民全員が共有していたと言ってもいいだろう。

フラウエン教会再建の熱烈な支持者であったレフラーは一九八四年に「ゼンパーのオペラ劇場とドレスデン城が再建された後には、いつか再びフラウエン教会も町のシルエットを飾ることになるだろう[6]」と予言した。

旧西ドイツ側からも教会再建へ向けての動きが見られた。ドレスデン出身の大臣が再建に向けて活動し、西ベルリンの国会議員リーセロッテ・ベルガーは一九八〇年、教会再建のための支援団体設立を模索した。

このように、教会再建をめざした動きは繰り返し行われたが、実行に移されるまでには四十五年という歳月を待たなければならなかった。

そのときは、ある日突然やって来た。一九八九年、東西に引き裂かれていたドイツが統一へと向けて急旋回した年である。

最初に立ち上がった人々

一九八九年十一月二十四日、すべてはこの日から始まった。すでにベルリンの壁は崩れ、東西ドイツ統一が間近に迫る中、九人の男たちがドレスデン市内の美術商ハインツ・ミーヒの家に集まった。建築家シュテッフェン・ゲープハルト博士、歯科医ハンス・クリスティアン・ホーホとその父親カール・ルートヴィヒ・ホーホ牧師、建築技術者ハンス・ヨアヒム・イェーガー博士、建築家ヴァルター・ケッカーリッツ博士、文化史評論家ハンス・ヨアヒム・ナイトハルト博士、建築家ディーター・シェルツェル、微生物学者ルドルフ・シュテファン博士、それに歯科医ギュンター・フォイクト博士という面々だった。

一同は、ドイツ統一が果たされんとするこの時をフラウエン教会を再建するまたとない好機ととらえ、再建に賛同してくれる人を募ろうと準備を始めたのである。そのわずか二日後には「フラウエン教会再建をめざす市民運動の会」が結成され、代表兼スポークスマンに、世界的なトランペット奏者ルートヴィヒ・ギュトラーが就いた。ギュトラーは、ドイツ民主共和国の国民栄誉賞として自らが得た賞金六万マルクを投げ打って会の資金とした。

十一月二十六日、二回目の会合で、メンバーはドイツの戦争責任、フラウエン教会から平和のメッセージを発信すること、教会関係者に声をかけ協力を仰ぐこと、広く市民に呼びかけることなどを話し合った。ギュトラーはドレスデン空襲のあった二月十三日に教会再建を呼びかける声明を発表することを提案し、それまでに呼びかけの文を作成することが決められた。また、教会を同じ場所にもとの材料を使って原形に忠実に再建するという方針を確認し、さらに、ザクセンの州教会の主教と接触を図ることが検討された。

方針が決まると、会のメンバーたちはさっそく行動を開始した。ヴァルター・ケッカーリッツ博士とディーター・シェルツェルは図面、見積もり、教会の使用に関する案を示した概要づくりに着手し、彫刻家に教会の模型の製作を依頼した。十二月初め、ギュトラーはコンサートの後に教会再建のための市民運動への支持を訴え、募金を呼びかけた。瞬く間に七〇〇〇マルクが集まり、メンバーたちは人々の反応の良さに大いに勇気づけられた。

一九八九年十二月二十八日、会のメンバーたちはザクセンのヨハネス・ヘンペル主教と面会した。主教は市民運動に反対こそしなかったものの、協力は否定した。両者は今後も連絡をと

フラウエン教会再建をめざす市民運動の会のメンバーたちは、1989 年末から 1990 年初めにかけて、「ドレスデンからの呼びかけ」の文を練るために何度も話し合いを重ねた。これは 1990 年 1 月 23 日の会合の様子。

り合っていくことで合意した。

メンバーはその後もホーホ牧師を中心に幾度も推敲を重ねて声明文を練り直し、「ドレスデンからの呼びかけ」を完成させた。

年が明けて声明文はイギリスとアメリカの大使館に届けられ、そこからさらに英国女王とアメリカの大統領へと送られた。二月初旬には、リヒャルト・フォン・ヴァイツゼッカー元大統領のようなドイツの著名人や教会関係者に送られた。

声明文は、一九九〇年二月十二日、ドレスデン市内のホテル・ベルビューでメディアに公開された後、翌十三日に「ドレスデンからの呼びかけ――一九九〇年二月十三日」として、一般に公開された。ここにその声明文の全文を訳出する。(5)

ドレスデンからの呼びかけ――一九九〇年二月十三日

一九四五年二月十三日、戦争終結まであとわずか何週間かというその日、空爆により、ドレスデン・フラウエン教会は瓦礫となりました。何十年もの間、この廃墟は平和を愛するすべての人にとって、戦争に対する告発であり、戒めの記念碑でありました。圧政と世界的規模で繰り広げられた軍拡競争の厳しい時代にあって、若者たちは繰り返し廃墟を訪れ、火をともしたろうそくをここに立てました。非暴力の抵抗によって、若者たちは平和と正義の時代が、命が尊ばれる時代が来るという希望を託したのです。

しかしながら、廃墟の崩壊の進行は止められません。廃墟の保全と維持には大規模な工事と莫大な費用が必要となるでしょう。

わたしたちは知っています、ザクセンの州教会にはフラウエン教会再建のための資金がないということ、わたしたちの市も国もこの建設のための資金を出すことができないということを。そしてまた、我が国の教会の多くがドイツ連邦共和国の諸教会の力によって建てられたということを。また、多くの建物が崩壊の危機に瀕している状況で、フラウエン教会を建てることより、古い建造物を建て直したり維持したりすることの方が必要とされていることを知っています。

それを十分承知の上でなお、私たちは、このすばらしい類まれなる建築物が廃墟のまま放置されてしまうことに、あるいは取り壊されてしまうことに耐えられないのです。

私たちは、ドレスデンを新しいヨーロッパにおける世界平和の中心地、キリストによってもたらされた平和の中心地とするべく、ドレスデン・フラウエン教会の再建に向けて行動を起こすことを世界に向けて広く訴えます。この神の家で平和の福音がことばでも音楽でも宣べ伝えられ、平和の絵で示され、平和研究と平和教育が行われるようになることを願います。

そのときはじめて、ゲオルゲ・ベーアのみならず、ゴットフリート・ジルバーマン、ヨハン・セバスティアン・バッハ、ハインリヒ・シュッツ、そしてリヒャルト・ワーグナーともゆかりの深いこの建築上の芸術作品は、世界の文化にとって唯一無二の意味をなすものとなるでしょう。

そのときはじめて、キリスト教の信仰を証する石の建物が再生し、ドレスデンで最も古い教会の土台の上にプロテスタントの市民が建てた神の家がよみがえるのです。

そして、そのときはじめて、欧州中央部で最も美しい町のひとつが、その景観の中に他を圧倒してそびえ立つ「石造の鐘」を再び戴くのです。それなしには、ドレスデンの再建は完璧なものとはなり得ません。

私たちはユネスコの世界遺産に登録されることになっているドレスデンの、フラウエン教会再建のために、国際的な財団を組織するよう、提案します。

私たちは、とりわけ第二次世界大戦を戦った国々に呼びかけます。この戦争を始めたのはほかならぬドイツであったことを痛恨の念とともに思い起こしています。

それでもなお、私たちは戦勝国に、アメリカ、イギリス、そして世界中の良き志を持った多くの人々に訴えます。このヨーロッパの「平和の家」を実現させてください、と。

私たちは、ふるさとを離れて暮らすドレスデン出身の人々に呼びかけます。フラウエン教会再建のために自らを捧げることによって、故郷の町に感謝の意を表してください、と。

教会が破壊されて四十五年が経った今、ようやくフラウエン教会をヨーロッパ文化のなくてはならない財産として再生させる時が熟しました。

それゆえに、私たちはドレスデンから皆さんに協力を呼びかけます。

声明文の下には「フラウエン教会再建をめざす市民運動の会」の名称のもと、最初に美術商ミーヒの家に集まった九人とミーヒを含む二十二名の名前があった。

再建が決まるまで

一九九〇年三月十四日、この二十二名をメンバーとする「ドレスデン・フラウエン教会再建を進める会」が正式に発足し、州裁判所に登録された。四十年のドイツ民主共和国の歴史で初めて結成された市民が主役の団体であり、記念すべき第一号となった。メンバーはすぐさま、フランクフルトのドレスデン銀行に募金口座を開設し、「ドレスデン・フラウエン教会基金」を設立した。

当時のことを振り返って、創立当初からのメンバー、ハンス・ヨアヒム・ナイトハルト博士は次のように語っている。「私たちが持っていたのは夢と希望、そして絶対に成し遂げるんだという強固で揺るぎのない意志だけだった。失敗するかもしれないとは、だれ一人考えていなかった。(5)」

しかし、「ドレスデンからの呼びかけ」に対する反応はメンバーの予想もしないものだった。反対の大合唱と言っても過言ではなく、九十人が反対だとすれば、賛成する者は十人にも満たなかった。メンバーにとって最もショックだったのが、教会関係者からの再建に対する強い拒否反応である。曰く、「お金は飢えている人のために使うべき」、「廃墟は戦争と破壊の記念碑として残すべき」、「フラウエン教会を再建しても、建物だけで教会員のいない教会になる」。建築関係者の中にも反対する者は多く、再建する代わりに「ガラスと鉄で瓦礫を覆う」、「アクリルガラスの丸屋根をかぶせる」など、いろいろ奇妙な提案が出されたり、「再建された教会はオリジナルのイミテーションに過ぎない」、「再建は不可能であり、妄想だ」などという批判が寄せられたりした。

この時の心境を、メンバーの一人で歯科医師のギュンター・フォイクト博士は次のように述べている。「君たちの廃墟をそのままにしておけ、という考え方は医師として到底承服できなかった。外科医が事故にあった患者の傷ついた顔を、事故のことを忘れずに覚えているようにと、治さないでおくものだろうか。[5]」

再建の是非をめぐるこの時の激しい議論と対立から、会以外の友人との長年の友情がこわれてしまったメンバーもいた。それでも、メンバーたちのだれひとりとして実現の可能性を疑う者はいなかった。「もとの石を使って元通りに復元する」という意志を強固に守り続け、再建の可能性を信じ続けることで固く結束していた。逆風の吹き荒れる中、メンバーは文化財保護に携わる人々、文化史評論家、教会関係者らとの意見交換に多大な時間と労力を費やし、粘り強く人々を説得していった。

ドレスデンからの呼びかけから一年ほど経った一九九一年三月十八日、ザクセン州ルター派プロテスタント教会会議が開かれた。フラウエン教会再建を進める会からは、ヨアヒム・メンツハウゼン博士、ルートヴィヒ・ギュトラー教授、ハンス・ヨアヒム・イェーガー博士、クラウス・フィッシャー博士らが出席し、それぞれが明確な言葉と揺るぎのない意志を持って、再建への切実な思いを訴えた。ザクセン州主教ヘンペル牧師も「教会とキリスト者の使命は傷口をそのままにしておくことではなく、傷を癒すことである[5]」と述べて、賛成意見を表明した。

激しい討論の末、投票が行われ、賛成四十三、反対二十六、棄権五で、ついに教会はフラウエン教会基金に協力することを決議した。再建を進める会にとって、これは決定的な瞬間だった。ギュトラーの言う通り、「教会が一緒に舟に乗らなければ、私たちは座礁するしかない[5]」からである。

教会会議の後、「ドレスデン・フラウエン教会再建を進める会」は「社団法人ドレスデン・フラウエン教会推進協会」と名称を変え、さらに一九九一年十一月二十三日には推進協会とザクセン州ルター派プロテスタント教会連盟によって財団協会が組織された。

この時を境に風向きが変わり、再建に賛成する声が徐々にドイツ全土から高まってきた。一九九二年二月、ついにドレスデン市議会は賛成多数で、再建の許可を与えること、市の財政から一〇パーセントを十年間再建のために拠出すること、そして推進協会と財団協会に加入することを決定した。

ここに至るまでの道のりの何と長かったことだろう。再建への道筋が見えてきたときには、「ドレスデンからの呼びかけ」からすでにまる二年が経過していた。

V章　再建の始まり

わたしを見たから信じたのか。見ないのに信じる人は、幸いである。

（ヨハネによる福音書　二十章二十九節）

考古学的解体

教会再建が決まると、建築、構造、文化財、文化史、考古学、法律、宣伝の専門家が招集され、それぞれが任務に就いて動き始めた。推進協会のメンバーの一人、ディーター・シェルツェルは再建計画書の作成にとりかかった。一九九二年九月八日、話し合いと交渉を重ねた結

「考古学的解体」の際、
石はすべて写真に撮られ、記録された。

果、建築家・技術者集団IPRO有限会社が再建の総設計を請け負うことで合意した。次いで、教会建築の専門家として、エーバハルト・ブルガーが現場の総監督に任命された。

こうして、いよいよ再建への一歩が踏み出され、一九九三年一月四日、「考古学的解体」が始まった。「考古学的解体」とは、瓦礫の下に埋まっているものを掘り出して調査し、再建に使用できるものとできないものとを選別してゆく作業のことである。この作業ぬきには再建は始められなかった。

もとの石を使うという発想は、終戦直後から文化財保護官の人たちの間で共通認識になっていた。「ドレスデンからの呼びかけ」に署名した人たちにも、その方針は当然のごとく踏襲されており、戦争の警告の記念碑として瓦礫をそのまま残すことを主張していた人々の願いにこたえるためにも、もとの古い石を使うことは至上命題だった。したがって、どんなに手間がかかろうとも、瓦礫をすべて撤去してしまうことなど考えられなかったのである。

瓦礫は嵩《かさ》にして二万二〇〇〇立方メートル、高さにして一二・七メートルあった。この膨大な数の石をひとつずつ慎重に取り崩しながら、もともとどの位置にあった石かを明らかにしていく作業が十七か月にわたって行われた。石にはすべて番号がつけられ、「使える石」から「使えない石」まで六段階に分類され、すべての石について発見された場所、周囲にある石との位置関係、特徴が記録され、写真にとられ、データ化されて保存された。その上で、崩落の過程で石がどのように落ちるかを推定し、コンピュータを駆使してもとの位置を割り出していった。この世界最大のジグソーパズルと言われる難題を解いたIPROの人たちの根気には

教会廃墟前のノイマルクト広場に整然と並べられた石。

恐るべきものがある！

コンピュータはその後も絶大な力を発揮した。平面上だけではなく三次元の設計図の作成を可能にし、これによりすべての石、すべての建築部分を置く位置のシミュレーションを行い、あらかじめ確認することができたのである。

教会のファサード（正面）に使われていた石のうち、八三九〇個が掘り出され、それらはノイマルクト広場に設けられた巨大な金属の棚に四段ずつ並べられた。さらにそれ以外の場所に使われていた石として九万一五〇〇個が掘り出され、これらはエルベ河に沿って設けられた棚に数層にわたって延々と並べられていった。その様は壮観というほかはなく、見る者を圧倒した。この石を使って再建が始まるのだと思うと、市民の期待はいやが上にも高まった。

石のほかにも、祭壇のかけら、オルガンの一部分、ドアの一部分、窓ガラス、讃美歌、祈禱書などが次々に掘り出された。

十字架の発見と最初のクリスマス礼拝

一九九三年六月一日、発掘チームに興奮の渦が巻いた。九二メートルの高さから落ちたまま、何十年もの間瓦礫の下に埋もれていた塔の上の十字架が見つかったのだ！　形は歪み黒く変色していたが、熱で溶けてもおらず、破壊されてもいなかった。キリストの愛を象徴する何よりも大切な印である十字架、二百年以上もの間ドレスデンの空を飾ってきた十字架が見つかった喜びは大きかった。

一九九三年十月、盗難や取り壊しから守る目的で祭壇を覆っていた壁が緊張のうちに取り払われた。恐る恐る調べてみたところ、心配していたほど祭壇の破損はひどくないことがわかり、一同は深い安堵のため息をついた。祭壇を飾っていた大事なイエス・キリストの像も発掘された。教会の心臓部とも言うべき祭壇が半世紀ぶりに姿を現したという知らせは人々の心を揺り動かした。大勢の市民が祭壇を一目見ようと廃墟に詰めかけ、再び現れ出た祭壇を前に涙を流した。

十二月二十三日、零下十度を下回る酷寒の中、五万人もの人々がクリスマスの夕拝に出席するため、教会廃墟に集まった。祭壇の前でヘンペル主教が聖書の一節を朗読し、ドレスデン国立劇場の歌手と十字架合唱団の少年たち、それにギュトラー率いる楽団が歌と楽器で神を賛美した。会衆もともに声を合わせて讃美歌を歌い、ともに祈りを捧げた。このとき集まった人々の頭上には、あるべきフラウエン教会の姿が確かに存在していたに違いない。

覆いを取り払われ、姿を現したオリジナルの祭壇。

この年以来、毎年十二月二十三日には廃墟で、後には建築現場でクリスマスの夕拝が行われるようになった。この星空のもとでの礼拝は、教会が再建を果たした今も、当時と変わらず守られている。

教会地下の発掘

その後も解体は続けられ、発掘チームは地上から地下へと作業を進めた。戦争中、教会地下室は教会の文化財や蔵書を保管する場所として使われていた。発掘により、教会戸籍簿の複写、フラウエン教会の図面、写真、設計図などの書類や聖餐式や洗礼式で用いられる道具が見つかった。そればかりか、戦前に教会地下に保管されていた帝国航空省が作成した何百巻もの教材用フィルムが出てきた。

一九九四年四月七日には、ずっと行方不明になっていたドレスデン・ソフィア教会所有の「苦難のキリスト像」が発掘され、人々を驚かせた。再建されることなく瓦礫を片付けられてしまったソフィア教会に代わり、現在、その見事なキリスト像は十字架教会の中で見ることができる。

五月十一日、考古学的解体が終わる十三日前になってようやく、地下室にあるはずでずっと見つけることができなかったゲオルゲ・ベーアのばらばらになった墓石が見つかった。ベーア

ひとつひとつの石が石工によって正確に加工された。

の墓は復元されて、一九九六年以来、新しい教会地下室の一室に置かれている。

再建の始まり

一九九四年五月二十四日、すべての解体作業が終わり、その三日後の五月二十七日、最初の石が置かれていよいよ教会再建が始まった。再建の合言葉は「橋をかける、和解を心に刻んで生きる、信仰を強める」だった。

再建は次の三つの方針に従って行われることが確認された。すなわち、第一に、最初に建てられたときの設計に基づき伝統的な建築材料を用いて建てること、第二に、必要に応じて構造力学の新しい知見に基づき現代の技術を用いること、第三に、二十一世紀に教会を使用するに当たって必要とされる事柄に配慮することである。

ベーアの時と同じく、建材には砂岩が選ばれた。堅固で加工しやすく、見た目に美しいこのクリーム色の石は、ドレスデン近郊の「ザクセンのスイス」と呼ばれる地域で容易に手に入れることができ、ドレスデン市内の多くの建物もこの砂岩でつくられていた。ベーアの時代、石はエルベ河を船で運ばれたが、今度の再建では石は爆破、または高圧水によって切り出され工場で加工された後、陸路をトラックで運ばれた。来る日も来る日も大量の石を積んだトラックが工場と建築現場の間を行き来した。

石を正確に測って切ることは、今回は機械が行ったが、最後の仕上げは昔と変わらず、伝統的な道具を使って石工が手作業で行った。新しい石だけではない。再使用可能な石として廃墟から掘り出された何千、何万個という石のひとつひとつを石工が整えていった。そうして、加工され整えられた石は正確な位置に置かれ、石と石の間の接合部分にはモルタルが流し込まれて、積み重ねられていった。

建物と言えば、木造建築かコンクリート造りの建物しか身近に知らない者にとって、膨大な数の石をひとつひとつ積み上げていくという作業には想像を絶するものがある。石を置く位置がほんの少しでもずれたら、建物は安定せず、垂直には建たないだろう。モルタルがきちんと石と石とを接着しなかったら、建物は崩れ落ちてしまうかもしれない。そうならないように、職人たちは何万個という石のひとつひとつを整え、ミリ単位の正確さで置き、接着し、積み上げていった。その技術力、労力、根気には脱帽するよりほかはない。

とりわけ細心の注意を払って組積されたのが、建物を支える八本の柱である。ゲオルゲ・ベーア自身、この八本の柱が建物の安定性に決定的に重要な役割を果たすことを知っていた。しかし、ベーアの設計に基づいてつくられた柱には完成直後から亀裂が入り、度々補修が必要になった。構造力学的に問題があったのだろうか？　否、ベーアの直観に過ちはなかったのである。当時使われた砂岩の質が均等でなく、石の積み方に正確さを欠いていたこと、モルタルの質に問題があったこと、これが柱の強度が不十分であったことの原因だった。

今回の再建では、柱にはもとの古い石は一切使わず、新しい質の高い砂岩だけを選び抜き、一・五ミリ以上の誤差を認めなかった。また、ひとつの石の大きさをベーアの頃より大きくすることで、そのぶん少ない数の石で柱が建てられるようにし、なおかつモルタルの質にも十分に注意を払った。その結果として、柱は以前の二倍の強度に仕上がったという。

地下教会の完成

一九九六年八月二十一日、地下教会が完成した。ザクセン州のルター派プロテスタント教会のフォルカー・クレス監督が、以前は墓所として使われていた教会地下室を礼拝を行う場所として再生させることを宣言し、次のように説教した。

「ここは公に開かれた礼拝の場となるでしょう。深き淵より神を呼ぶために、人間の、現世

地下教会で、礼拝が行われるようになった。
中央に置かれているのはアニッシュ・カプーアが製作した祭壇の石。

の苦しみの深き淵より神を呼ぶために、そのためにこそこの場所はあるのです。[6]」

この日以来、地下教会では祈禱会、礼拝、コンサート、講演会、見学会などが行われ、何百万人もの人が訪れた。

地下教会の中央の間には、アイルランドの採石場から運ばれた一一トンもの巨大な一枚岩の石灰岩が祭壇として置かれている。インド生まれのユダヤ系イギリス人アニッシュ・カプーアの作品で、まるで大きな瓦礫のように見える。けれども、荒々しくごつごつした側面と上部のなめらかに磨き抜かれた表面とが対照的で、これが単なる瓦礫ではないことを示唆している。古代にいけにえを捧げるのに用いられた祭壇のような、戦争の犠牲者を悼んでいるかのような、未来への希望を託しているかのような、いろいろなことを連想させる不思議な石である。

地下教会は十字架の形をしており、中央の間を囲むようにいくつかの礼拝堂が配置されている。南東の礼拝堂は「十戒の間」、北東は「墓石の間」で考古学的解体の際に発見された墓石が置かれている。北西は「破壊の間」、南西は「希望のアルコーブ（奥の間）」であり、そしてもうひとつ「決心の間」がある。それぞれの部屋に部屋の名称となっていることばを象徴する石が置かれ、訪れる人を思索に誘《いざな》う。

やがて完成することになるフラウエン教会の地上部分の礼拝堂の華やかな美しさとは対照的に、地下にこのように質素でひっそりとした場所が用意されていることに何か厳粛な思いを抱く。静かに瞑想にふけるために、祈りを捧げるために、あるいはまた、ただ単に一人になるためにやってくる人を、地下教会はいつでも迎え入れている。

移動式屋根

建築途上の建物を雨風から守り保護するために、屋根の設営が検討された。最高度の質が要求される組積工事や左官工事が天候の影響を受けることは、何としても避けなければならなかった。フラウエン教会ほどの大きな建物を覆う屋根をどのようにつくったらいいか、前例はなかった。技術者たちは油圧式で上に持ち上がっていく構造の覆いを考案した。

一九九六年六月に設置されて以降、屋根は合計五回上に持ち上げられ、二回作り直された。一回目は一九九七年八月で、一二・五メートルから二三メートルの所まで上げられた。その一年後には、三三・五メートルの所まで上げられ、二〇〇〇年五月には四四メートルの所まで到達した。

二〇〇一年、内部の丸屋根が完成した。二〇〇二年、外側の丸屋根づくりが始まり、丸屋根を覆うための屋根が新しくつくられ、二〇〇二年四月、五七メートルから出発し、二〇〇二年十一月、鐘楼の下まで達した。二〇〇三年七月、屋根は再び丸屋根から上の部分を覆うための小さな屋根につくり直され、七六メートルの高さから同年十一月には八三メートルの高さに到達した。

日に日に「成長してゆく」フラウエン教会を、だれもが期待に胸をふくらませて見つめてい

移動式屋根に囲まれた建設中のフラウエン教会。

た。再建が進むにつれて、反対の声はとうに聞かれなくなっていた。再建の実現を疑っていた者たちは、教会が立ち上がってゆく様を見て再建の実現を信じ始めた。廃墟を警告の記念碑にと固執していた者たちは、戦火に耐えて残った石に新しい石が組み合わされ積まれてゆく様を見て、過去の記憶と未来への希望が両立することを実感し始めた。当初反対していた者たちが賛同の意を表し、協力を拒否していた者たちが協力を申し出、無関心だった者たちが関心を示し始めたこと、これこそが「奇跡」であると、ギュトラーは述べている。

「ドレスデンからの呼びかけ」が発せられたときには想像もできなかったような熱狂の渦が、ドレスデンを中心に巻き起こっていた。そして、この市民主体の運動はドイツを超え、海外にまで広がりを見せ始めていた。

第Ⅵ章　寄付金の奇跡

ハレルヤ。
新しい歌を主に向かって歌え。
主の慈しみに生きる人の集いで賛美の歌をうたえ。
イスラエルはその造り主によって喜び祝い
シオンの子らはその王によって喜び踊れ。
踊りをささげて御名を賛美し
太鼓や竪琴を奏でてほめ歌をうたえ。
（詩編　百四十九篇一～三節）

寄付金集め

教会再建には莫大な資金が必要だった。実際、気の遠くなるほどの金額だった。かかった費用の総額一億八二六〇万ユーロのほとんどを推進協会が中心となり、市民の有志が募金活動によって集めたこと、これをもって「寄付金の奇跡」と言われる。

いかにして寄付金は集められたのか？　まさに、ありとあらゆる方法を駆使し、あらん限りの智恵と工夫とで募金活動は行われた。推進協会の人々は資金集めに奔走し、身を粉にして働いた。すべてがボランティアだった。

まず、一九九三年、再建に先立って教会の五十分の一のモデルが製作され、一般に公開された。推進協会のメンバーが解説を務め、見学者から寄付を募った。一九九四年八月からは、毎週末建築現場のガイドつき見学会が行われるようになり、同様に見学者から寄付金を集めた。

一九九一年からは「フラウエン教会の時計」の販売が始まった。十七の定番デザインのほかに、いくつもの特別バージョンがデザインされ、二〇〇五年までに四十五万個の時計を売り、その売り上げは六〇〇〇万マルクに達した。

一九九三年五月、ドレスデン銀行の役員から推進協会に一〇〇〇万マルクという巨額の寄付が寄せられた。

一九九五年三月、推進協会はドレスデン銀行との協力のもとに「寄付金証書」というキャンペーン企画を始めた。五〇〇マルクを寄付すると銅の、一五〇〇マルクで銀の、二五〇〇マルクで金の寄付金証書がもらえる、という企画だった。二〇〇〇年からは教会の建物の一部分、または教会内部の座席を買うことで、プラチナの寄付金証書を手にすることができるという企画も始められた。

一九九五年五月、当時のテオ・ヴァイゲル財務省大臣は教会再建のために一〇マルクの記念コインを発売すると発表した。この知らせを聞いて推進協会のメンバーたちは喜びに沸きたった。計七四五万個を鋳造し、売り上げの四五〇〇万マルクが再建のために使われた。

教会再建に関する講演会、芸術家・音楽家・作曲家のシンポジウムが何度も開かれ、そのたびごとに寄付金が集められた。

その他、様々な団体や個人から寄付が寄せられた。ドイツのライオンズクラブから九八年に一〇〇万マルク、フランスのライオンズクラブから二万五〇〇〇マルク、ドレスデンのタクシー協同組合から二万マルク。二〇〇〇年、ノーベル医学賞受賞者ブローベル教授からは賞金の一六〇万マルクが寄付され、二〇〇一年にはザクセンのルター派プロテスタントのすべての教会の教会員から合計一四万マルクが寄付された。

二〇〇三年、ドレスデン、マイセン、ピルナの学校の生徒たちは共同してカレンダーを製作し、売り上げの一万ユーロを寄付した。

推進協会のメンバーたちは、誕生日パーティー、結婚式、葬式、同窓会などあらゆる機会を利用して寄付を募った。一般市民の中には、財産を再建のために寄付するという遺言書を作成した者もいれば、年金から毎月五ユーロを寄付し続けた女性もいた。

時計以外にも、ＣＤからフラウエン教会のジョッキに至るまで、様々なフラウエン教会グッズがつくられ、販売されるようになった。

ドイツの放送局ＺＤＦは、教会再建という一大プロジェクトの過程を機会あるごとに特集を組んで放送し、多くのドイツ国民の関心を集めることに寄与し、再建を支援し続けた。

海外からの支援

支援の手はドレスデンのみならずドイツの各地方、そして海外からも差し伸べられた。ハンブルク、ミュンヘン、ケルン、シュトゥットガルトなどドイツ各地に支援団体がつくられ、活動した。

外国では、イギリス、フランス、スイス、ポーランド、イタリア、スペイン、ギリシャ、デンマーク、スウェーデンなどのヨーロッパ各国、そしてアメリカに支援団体が設立された。なかでも、イギリスでつくられた「ドレスデン・トラスト」は「被害者と加害者の双方がキリストの名において兄弟姉妹となる」ことを願って、単に資金を援助するだけでなく、フラウエン教会の塔の上に載せる十字架の作製を請け負い、教会に関する本を出版した。ドレスデン・トラストは二〇〇六年に中部イングランドに英独友好公園を完成させた。そこの銘板には次のようなことばが記されている。「今より後、両国の間に存在するあらゆる困難が忍耐と理解とによって克服されますように、苦しみをともに分かち合い、喜びをともに祝うことができますように。(略)庭園の美しさにおいても、神の御前《みまえ》においても、私たちの心はひとつに結ばれています！」(5)

音楽の力

資金集めに一役も二役も買ったのが、チャリティー・コンサートの開催である。推進協会の代表であり、世界的なトランペット奏者であるルートヴィヒ・ギュトラーは、一九九〇年から二〇〇五年までの間に何と千五百を超えるコンサートを開いて、募金活動の先頭に立った。

一九九三年十二月二十三日、フラウエン教会廃墟で戦後初めてのクリスマスイブ礼拝が行われた。壁がとり払われ、半世紀ぶりに姿を現した祭壇の前で、ヘンペル主教がルカによる福音書の中からクリスマスの生誕物語を朗読した。国立歌劇場《ゼンパーオーパー》の歌手たち、十字架合唱団の少年たちが讃美歌を歌い、ルートヴィヒ・ギュトラー率いる金管楽器アンサンブルのメンバーたちが音楽を演奏した。

一九九六年八月二十二日には、教会の地下室の完成を祝ってコンサートが開かれ、それ以後毎週地下でコンサートが開かれるようになった。奏でられたのは教会音楽だった。コンサートは礼拝の形式にのっとって行われ、それは何のために教会が再建されようとしているのかを人々に示す良い機会となった。これらの礼拝のたびに献金が捧げられ、再建のための資金となった。

　二〇〇〇年に向けてチャリティー・コンサートはドイツ国内外でますます頻繁に行われるようになった。一九九九年一月九日には、ドレスデン国立歌劇場《ゼンパーオーパー》の名誉指揮者コリン・デーヴィスを指揮者に迎え、国立歌劇場管弦楽団によるすばらしい演奏会が開かれた。コンサートの後、団員たちは自分たちの給料から五万三三六五マルクを教会に寄付した。

　二〇〇〇年七月一日にはルフトハンザとハンブルク・ライオンズクラブ主催でハンブルクの航空機格納庫においてチャリティー・コンサートが開かれ、四万マルクが集まった。

　二〇〇〇年十一月十六日にはパリでパリ・フラウエン教会アソシエーション主催によるコンサートが開かれ、七七万五〇〇〇フランが集まった。

　特筆すべきは二〇〇〇年十二月にすでに一部分が完成していたフラウエン教会内で行われた「太鼓の轟《とどろ》き」（„Paukenschlag“）と呼ばれる十一の一連のコンサートである。„Paukenschlag“という言葉からは聖書の中の詩編の一節、「太鼓や竪琴を奏でて」「神を賛美せよ」を連想させる。企画したのはもちろんギュトラーで、集めても集めてもまだ不足していた資金を獲得すること、そしてより大勢の人に教会再建に興味を持ってもらうことを目的としていた。コンサートの模様はＺＤＦ（ドイツ中央テレビ）の協力により、全国にテレビ中継された。コンサートのチケットの価格は六〇～二五〇マルクに設定された。これはドイツの平均的なコンサートに比べればかなり高い値段である。しかし、これにはフラウエン教会再建にはそれほどの費用が必要であり、私たちにも相応の努力が要求されるのだということを聴衆に理解してもらうという意味合いもあったのである。

コンサートを開くことを決めたものの、会場の準備は万全とは言い難かった。まだ中は完成しておらず、骨組みも見えていて、空調、音響、技術的な面でいろいろな不備があった。それでも、未完成とは言え、フラウエン教会の中で開く初めてのコンサートの意義は大きかった。

コンサートに先立つ十二月一日、フラウエン教会の会堂内で五十五年ぶりに戦後初めての礼拝が行われ、バッハのカンタータ第五十一番「全地よ、神に向かって歓呼せよ」が歌われた。単に音楽会を開き、音楽家が演奏するということではなく、まずは礼拝が行われるということ、そしてそれに音楽家が出席するということに重要な意義があった。フラウエン教会が何のために再建されるのかを市民に知らしめる芸術家の宣言として、ギュトラーはこの一連のチャリティー・コンサートを考え、プログラムをつくったのである。

二〇〇〇年十二月三日、第一アドベント（待降節）の日曜日、開幕コンサートはヴィヴァルディ作曲「グローリア」で始まった。出演はジュゼッペ・シノーポリの指揮するドレスデン国立歌劇場管弦楽団と国立歌劇場合唱団だった。出演の決定は急であり、スケジュールの調整は極めて厳しかった。管弦楽団はアメリカへの演奏旅行から十二月一日午後に帰国すると、旅の疲れを癒す間もなく翌二日にリハーサルを行い、三日午前に本番に臨む、という離れ業をやっ

2000 年 12 月 10 日、ヘンデルの「メサイア」が
建設中のフラウエン教会の中で、
ルートヴィヒ・ギュトラーの指揮で演奏された。

てのけた。

十二月四日には、ナチス政権下で燃やされたユダヤ教寺院シナゴーグが再建されることを心に留めて、ロシア正教の伝統にのっとったセルゲイ・ラフマニノフの聖歌「晩禱」（夕べのミサ曲）がロシア語で演奏された。

十二月十日には、イギリスの支援者たちから贈られた黄金の十字架に感謝して、ヘンデルのオラトリオ「メサイア」が、原語である英語で省略なしに歌われた。

十二月十八日には、十字架合唱団出身のテノール歌手、ペーター・シュライヤーがマックス・レーガーやフーゴー・ヴォルフなどのクリスマスの歌を歌い、翌十九日には十字架合唱団もクリスマスの歌を人々に届けた。十字架合唱団は、一九九三年以降毎年十二月二十三日には必ずフラウエン教会廃墟でクリスマスイブ礼拝に出席し、讃美歌を歌ってきた。教会地下で定期的に開かれる音楽会でもたびたびその美しい歌声を響かせてきた。十字架合唱団とフラウエン教会を結ぶ縁《えにし》には真に深いものがある。

一連のコンサートの締めくくりは、バッハのクリスマス・オラトリオだった。十二月二十一日にクリスマス・オラトリオの一〜三部が、十二月三十日に四〜六部が演奏された。コンサートのタイトルが示す通り、この日、会堂いっぱいに「太鼓」が「轟《とどろ》き」、トランペットが鳴りわたり、合唱団の歌声が響きわたった。フラウエン教会でコンサートが開けたという事実、この日までずっと順調に再建が進んできたという事実に、ギュトラーをはじめ出演者たちは感激で胸がいっぱいだった。オラトリオの歌詞にあるように、歓喜の声を放ち、喜び踊らずにはいられない、そんな気持ちで出演者たちはバッハのオラトリオを歌い上げた。

それにしても、何と言う豪華な顔ぶれだろう。ドレスデンという町の音楽的豊かさを思わずにはいられない。今は亡き名指揮者シノーポリ、「いぶし銀」と称えられる極上の音色で世界を魅了するゼンパー・オーパーの管弦楽団、世界のオペラ劇場で活躍し、バッハの宗教曲とドイツ・リートを歌って他の追随を許さないテノール歌手ペーター・シュライヤー、ドイツ最古の合唱団であり日本人にもなじみの深い十字架合唱団……ドレスデンが世界に誇る一流の音楽家がフラウエン教会再建のために力を結集し、自らを献げたのである。

一連のコンサートを企画したギュトラーは、フラウエン教会再建を先頭に立って進める者として、また、ひとりの音楽家として、特別な責務を感じていた。それは、このフラウエン教会に音楽、とりわけ教会音楽を鳴り響かせなければならないという思いである。宗教改革者マルティン・ルターは、音楽には神を讃える、そして人を高める使命があると考えて、教会音楽の改革を行った。フラウエン教会をつくったゲオルゲ・ベーアもルター派プロテスタントの信仰に基づき、神を賛美するための音楽が会堂いっぱいに鳴り響くようにという願いをこめ、そのための器として教会を建築した。だからこそ、私たちはこのフラウエン教会という空間を教会音楽で満たさなければならない。そんな使命感をギュトラーは抱いていた。その熱い思いがメッセージとなって伝えられたのが、この十二月の「太鼓の轟き」だったのである。

そのメッセージは聴衆にしっかりと受け止められ、コンサートは大成功のうちに終わった。それは、その後の寄付金額の顕著な増加からもうかがえた。

Ⅶ章　贖罪《しょくざい》と和解の印

実に、キリストはわたしたちの平和であります。二つのものを一つにし、御自分の肉において敵意という隔ての壁を取り壊し、規則と戒律ずくめの律法を廃棄されました。こうしてキリストは、双方を御自分において一人の新しい人に造り上げて平和を実現し、十字架を通して、両者を一つの体として神と和解させ、十字架によって敵意を滅ぼされました。

（エフェソの信徒への手紙　二章十四節〜十六節）

和解の炎

フラウエン教会の胴体部分から上に向かって丸屋根の下半分をとり囲むように、四つの階段塔が立っている。それぞれの塔のいちばん上を、美しい炎のゴブレットの彫刻が飾っている。このうちのひとつは、一九九九年にポーランドからドレスデンに手渡された尊い贈り物である。これには、実は次のような歴史がある。

一九三九年十月、ポーランドのゴスティンに攻め入ったドイツ軍がマルクト広場で三十人の住民を射殺する、という陰惨な事件があった。その後、ゴスティンにはドイツ軍に抵抗する秘密組織「黒い義勇団」が結成されるが、密告され、メンバーはドレスデンに連行された上、処刑された。ほとんどが二十歳以下の若者だった。なかには年が若かったために、処刑されずに収容所へ送られた少年もいた。戦後になって、処刑された者の親族がドレスデンを訪れた。自分の子どもたちや家族が処刑された場所を見ることを望んだのだ。

この時からゴスティンとドレスデンの交流が始まった。生き残ったもと「黒い義勇団」の人とその子孫、ドレスデン市民の有志がこの不幸な出来事を忘れないために、そして両国の和解のために働いたのである。

ゴスティンの市民は、「ドレスデンからの呼びかけ」が発せられた際、呼びかけにこたえて

ポーランドのゴスティンから贈られた
「炎のゴブレット」が階段塔の上を飾る。

自主的に寄付金を集め、そのお金でポーランドの彫刻家に炎のゴブレットの製作を依頼した。燃える愛と神の愛の象徴である炎の彫刻は、一九九九年、和解の印としてフラウエン教会に奉献された。こうして、ドイツの人びとは自分たちのなした残虐極まりない行為に対し、ゴスティンの市民から愛で報いられた。ゴブレットは現在、階段塔Cの上で「和解の炎」を燃やし続けている。

和解の十字架

二〇〇〇年二月十三日、ドレスデン大空襲からちょうど五十五年経ったこの日、ドレスデンはかつての敵国イギリスの国民から和解と平和の印として、考え得る限り最も素晴らしい贈り物を受け取った。フラウエン教会の塔の上に載せる金の十字架である！

英国女王はいとこのケント公を贈呈式典に派遣した。雨の降る中、十字架のレプリカがケント公からザクセン州ルター派プロテスタント教会監督のフォルカー・クレス師に手渡される様子を大勢のドレスデン市民が見守った。ドイツからはゲルハルト・シュレーダー首相、ザクセン州知事ビーデンコップフが出席し、イギリス側からはイギリスの支援団体「ドレスデン・トラスト」の創立者アラン・ラッセルがフラウエン教会のために募金活動を行った二千人以上のイギリスの仲間とともに出席した。

この日を迎えるには、次のようないきさつがあった。一九九四年、アラン・ラッセルら「ドレスデン・トラスト」の人々はドイツの再建推進協会から、寄付金の代わりに教会の柱や鐘楼を寄贈してもらうこともできる、たとえば、十字架を製作して寄贈していただくというのはどうだろうか、という打診を受けた。ラッセルらは驚くと同時に、そのような名誉を与えられることにこの上ない喜びを感じた。イギリスに帰ると、十字架をつくるのに必要なだけの資金を集めるために、さっそく募金活動を開始した。

国会議員、ＥＵの研究機関、王立イギリス建築研究所、教会、英独友好協会などに声をかけ、何千というチラシを送った。メンバーたちの精力的な働きの甲斐あって、また、ドレスデンの教会のために自分たちが十字架をつくって贈る、そのことが強い動機となって続々と寄付金が集まり始めた。イギリス政府も五万ポンドを寄付した。一九九五年三月、寄付金は一〇万ポンド、翌年にはさらにその倍の金額が集まった。やがて、寄付金は十字架を製作するに足るだけの額、六〇万ポンドに達し、ドレスデン・トラストは一九九七年、グラント・マクドナルド社に十字架の製作を依頼した。通常は銀製の栓抜きや貴金属製の容器をつくっている小さな鍛造会社だった。

グラント・マクドナルド社に決まった後になって初めて、その会社の鋳物師アラン・スミスの父親がドレスデン大空襲のときにドレスデンを空爆したパイロットであることが明らかになった。十字架の製作を担当したアラン・スミスは、それまでその事実をだれにも話さなかった。事実を伏せつつ、ひとり秘かにその仕事を熱望し、自分に十字架の製作を任せてほしい、と強く会社に働きかけていたのである。

アラン・スミスは八か月にわたって一日十時間、非常な高温の中で精魂こめて鉄と銅の板をたたき続けた。十八世紀の伝統的な工法で鍛造し、機械は一切使わなかった。最後に、永遠に輝き続けるようにと、金を三層にわたって施して、ついに十字架は完成した。

完成した十字架は一九九八年十二月、まずウィンザー城の中庭に置かれ、エリザベス女王夫妻とドイツのヘルツォーク大統領夫妻とがともにその見事な出来栄えを嘆賞した。その後、十字架は一年かけてイギリス全土を回り、大勢のイギリス人に披露された。そうして、ついに二〇〇〇年二月十三日、十字架は海を越えてドレスデンの地にやって来た。この時から教会の塔の上に上げられるまでの三年間、十字架はフラウエン教会の前に置かれ、ドレスデンの人々は間近で心ゆくまで十字架を眺めて楽しむことができた。

そうして、ついに二〇〇四年六月二十二日がやって来た。この日、丸屋根の鐘楼の上にのせる銅製の屋根が十字架とともに教会のてっぺんに引き上げられることになっていた。大勢の群衆がその瞬間を見届けようと教会前の広場に詰めかけていた。スピーチが終わり、歌が終わった後だった。工事監督エーバハルト・ブルガーの声が無情にも告げた。「強風のため、まだ引き上げの作業は始められません。」群衆から失望のため息がもれた。

鐘楼の上にのせる屋根と、その上の十字架が、
教会の丸屋根の頂上に引き上げられる。

いったいどれぐらい待ったことだろう。突如として風がやむと、巨大なクレーンが二十〜三十トンにもなる重い荷をゆっくりと引き上げ始めた。六万人がその様子を固唾を飲んで見守った。十字架を戴いた屋根がついに鐘楼の上に載ると、集まった人々の中からさざ波のように歓喜の声が湧き起こった。

その時の心情をアラン・スミスは次のように語っている。「十字架がついに丸屋根の上にのるというその日、私は塔の上から集まった人々を見ることができました。皆が歓声を上げ、拍手喝采をしていました。まるで夢のような光景でした。この日は私にとって、ずっとあたためてきた願いがかなった日です。父とともにこの日を祝うことができなかったこと、ただそれだけは残念でなりません。(14)」

アラン・スミスによると、父親はドレスデン空襲のことを終生忘れることはなかったという。消し去ろうとして決して消し去ることのできない戦争の記憶に苦しみながら、子どもたちには平和の尊さを説き続けた。

一九四五年二月、アラン・スミスの父親はドレスデンを空爆するために、イギリス空軍の爆撃機の操縦席の中から町を見下ろしていた。そのとき空の下にあったのは爆撃の的であり、そこに住む人々は戦うべき敵だった。それから半世紀後、父たちイギリス軍が壊した十字架をその子どもがよみがえらせた。そうして、その十字架が教会の頂にのる様を見るために、上から下を見下ろしていた。このとき、空の下にあったのは完成間近のフラウエン教会であり、そこに集まった人々は同じ志を持った友人たちだった。父が埋めることのできなかった溝を、今その息子が埋める。何という不思議な運命の巡り合わせだろうか。

ここで、再びアラン・スミス自身の言葉に耳を傾けよう。「私はこれまでにも金やダイヤモンド、宝石を使っていろいろなものをつくってきました。王族やアラブの支配者のために装飾品を、世界で最も高い地位にある人々のために贈呈する品を、打って鍛えてきました。しかし、この高さ七メートルの鉄製の金の十字架こそが、私の生涯最高の作品になりました。今、非常に複雑なパズルが解けたような、過去と未来が切れ目なくひとつにつながったような、そんな気がしてなりません。[14]」

フラウエン教会の塔の上の十字架をよく「和解の象徴」(Symbol für Versöhnung) と呼ぶ。ここではあえて「贖罪《しょくざい》と和解の象徴」と訳したい。Versöhnungという言葉には、そもそも人が神と和解する、という意味がある。キリスト教徒にとって、最大の罪は神に背くことである。神に背を向けていた人間が神の方に向き直り、神の前に頭を垂れて神に赦しを乞うこと、これなしには贖罪も和解も始まらない。そうして、人間の罪をすべて自分の身に引き受け、十字架上で死なれたイエスの取りなしがあって初めて私たちは罪から解放され、神と和解し、人と和解することが可能になったのである。

このような神の愛の象徴である十字架が、かつての敵国イギリスから和解と友情の印としてドイツに贈られたこと、これはフラウエン教会の奇跡のひとつであると私は思う。教会の一番高いところで燦然と輝く黄金の十字架を見るたびに、そのことを思い、涙がにじむ。

フラウエン教会の祭台の上に置かれた釘の十字架。

釘の十字架

フラウエン教会の祭壇の下の方にある祭台の上に「釘の十字架」と呼ばれる三本の釘を組み合わせてつくった質素な十字架が置かれている。この十字架には次のような歴史がある。

一九四〇年十一月十四日から十五日にかけて、ドイツ軍はイギリスのコベントリーを空襲し、コベントリー大聖堂を破壊した。当時、大聖堂の司祭であったリチャード・ホワードは、徹底的に破壊されつくした大聖堂の跡に立ち、「神よ、赦したまえ」という祈りの言葉を唱え、廃墟と化した内陣の壁にその言葉を書きつけた。そうして、瓦礫の中から大聖堂の屋根の梁をつなぎとめていた三本の大きな太い釘を拾い出し、一本の十字架を立てた。その時から釘の十字架は、異なる国、異なる民族の間にある対立を克服し、和解をすすめるためのシンボルとなった。現在、世界で二百を超える場所に釘の十字架が立てられており、フラウエン教会もドイツに五十以上ある「釘の十字架協会」のひとつである。毎週金曜日の昼の礼拝で、希望する者はだれでもコベントリーの贖罪の祈りをともに唱えることができる。

塔の上で輝く黄金の十字架も、祭台の上に置かれた質素な釘の十字架も、ともに尊い贖罪と和解の十字架であり、フラウエン教会の大切な宝である。

コベントリーの贖罪の祈り[14]を以下に記そう。第一節はローマの信徒への手紙三章二十三節からの引用「人は皆、罪を犯して神の栄光を受けられなくなっています」で始まり、最後の節はエフェソの信徒への手紙四章三十二節からの聖句「互いに親切にし、憐れみの心で接し、神がキリストによってあなたがたを赦してくださったように、赦し合いなさい」で締めくくられている。ただし、ひとつの祈りとしての全体の整合性を保つべく、右の日本語の聖書の言葉とは若干異なるふうに訳したことをお断りしておく。

コベントリーの贖罪の祈り

人は皆　罪を犯して
神の栄光を受けることができなくなっている。

人種と人種を分かつ憎しみ、
民族と民族、階級と階級を分かつ憎しみを
神よ、赦したまえ！

他人のものを我が物にせんとする
人間の、そして諸民族の強欲な行いを
神よ、赦したまえ！

人間の労働を搾取し
地球を荒廃させる所有欲を
神よ、赦したまえ！
他人の成功と幸福を
うらやみ　ねたむ我らを
神よ、赦したまえ！

ふるさとのなき者、難民の苦しみに
思い至らぬ、冷淡な我らを
神よ、赦したまえ！

女たち、男たち、そして子どもたちを
性的におとしめ　尊厳を奪う行為を
神よ、赦したまえ！

自分自身にのみより頼み、神を信頼せぬよう
我らをそそのかす　おごり高ぶる心を
神よ、赦したまえ！

互いに親切にし、憐れみの心で接し、
赦し合いなさい。
神がキリストによって、あなた方を赦したように。

Ⅷ章　完成への最終章

彼らは剣《つるぎ》を打ち直して鋤《すき》とし
槍を打ち直して鎌とする。
国は国に向かって剣を上げず
もはや戦うことを学ばない。
ヤコブの家よ、主の光の中を歩もう。
（イザヤ書　二章四節～五節）

平和の鐘

二〇〇三年五月の第一日曜日、フラウエン教会の新しい鐘が完成し、奉献式が行われた。戦火を耐え唯一残った「マリア」という名の鐘に、大小七つの新しい鐘が加わった。フラウエン教会の前の広場と通りは、鐘を見ようと集まってきた二万五千人のドレスデン市民と旅行者で埋めつくされた。鐘の製作を請け負ったのは、バーデン・ビュルテンベルク州フリードリヒスハルにある一七二五年創立の鐘鋳造会社アルバート・バッヘルトである。中世の頃と同じ材料、すなわち、れんが、粘土、わら、ろう、牛脂を芯に、鐘の鋳込みに五トンの青銅を用いた。鐘は、鳴らしたとき、フラウエン教会の近くにあるカトリック宮廷教会と十字架教会の鐘の音と調和するようにと考えて、音の高さが決められた。ここにその七つの鐘を紹介しよう。それぞれに名前があり、聖句が添えられている。

①平和の鐘「イザヤ」
　聖句：彼らは剣を打ち直して鋤とし（イザヤ書　二章四節）
　重さ：一七五〇キロ
②宣教の鐘「ヨハネ」

聖句：主の道を整え（マタイによる福音書　三章三節）
重さ：一二二八キロ
③町の鐘「エレミヤ」
聖句：町の平安を求め（エレミヤ書　二九章七節）
重さ：九〇〇キロ
④弔いの鐘「ヨシュア」
聖句：わたしとわたしの家は主に仕えます（ヨシュア記　二四章十五節）
重さ：六四五キロ
⑤祈りの鐘「ダビデ」
聖句：祈りを聞いてください（詩編　四篇二節）
重さ：四七五キロ
⑥洗礼の鐘「フィリポ」
聖句：主は一人、信仰は一つ、洗礼は一つ（エフェソの信徒への手紙　四章五節）
重さ：三九二キロ
⑦感謝の鐘「ハンナ」
聖句：主にあってわたしの心は喜び（サムエル記上　二章一節）
重さ：二九一キロ

戦前から唯一残った「マリア」という鐘は「記憶の鐘」と呼ばれている。一五一八年にドレスデンからさほど遠くないフライベルクの鋳造所でつくられ、最初はある修道院の教会の鐘だったが、一五五七年にフラウエン教会に贈られ、それ以後一九二五年までフラウエン教会で鳴らされていた。しかし、その後新しくつくられた鐘と音が合わないという理由で別の教会に売られて、戦争中ずっとそこで保管されていたものである。

2003年5月4日、
フラウエン教会の7つの新しい鐘が町の広場に到着した。

奉献式の後、鐘は北西と南西の階段塔の中のオークの木枠の台にとりつけられた。一か月後の六月七日、聖霊降臨祭の前夜、マリアの鐘を含むすべての鐘が初めて一斉に打ち鳴らされて、教会は「声」を取り戻した。教会の完成がいよいよ近づいていることを実感させる鐘の音に、人々の心は希望に燃えた。

フラウエン教会の鐘が全部鳴らされるのは、このような特別な祭日に限られている。毎日曜日の礼拝、夕拝、葬式、洗礼式などには一部の鐘だけが鳴らされる。八つの鐘の中で最も重要な役割を担うのは、毎日正午に鳴らされる「平和の鐘」である。私が初めてフラウエン教会を訪れたときに聞いたのもこの鐘で、聞いた瞬間、鐘の名前を知らなかったにもかかわらず、「平和の鐘だ」と直感した。鐘はそれほどはっきりと高らかに平和を告げ知らせていた。

ここで、作家クリスティアン・レーネルトが鐘の奉献式に寄せて書いた詩(14)を紹介しよう。「平和の鐘」を聞いたことがある人はその鐘の音を思い出しつつ、まだ聞いたことのない人はその音色を心に思い浮かべつつ、読んでほしい。

鐘の音《ね》よ、暗い鼓動よ
野をわたり、どこまでも染み通りゆけ
地下室を通り
草の下、アスファルトの下の　瓦礫の重なりの中までも。

鐘の音よ、
そのひびきには　過ぎし日の　記憶がかすむ
ロケット砲が　稲妻のように光る
そんな町の　夜があった、
薪《まき》の山が燃え上がる
夜があった、

骸骨と化した教会、その前に　置かれたろうそく
その光に照らされて　平和への願いに　炎がゆらぐ
夜があった。
イザヤという鐘、
平和の鐘よ、
遠くから　預言者の呼ばわる声がする
「彼らは剣《つるぎ》を打ち直して　鋤《すき》とする。」

バグダッドを越え　運ばれてくる祈りの叫び、
エルサレムの角笛《ショーファー》(*)の音、
チベットのブッダの祈りの鐘、
さまざまな音の中から　わたしはひとつの　声を聞く
平和、
平和、
神のいましたもうところにあれ。

（*）ショーファー：正月や贖罪日など、ユダヤ暦の特別な日に鳴らされる羊の角笛。

木の棒を組み合わせてつくられた丸屋根のための型枠。

三三五五個の砂岩

フラウエン教会の丸屋根は二重構造になっている。教会の中に入って上を見上げたときに見える天井は内側の丸屋根の天井であり、その外側に教会の中からは見えないが、もうひとつの巨大な円蓋が載っている。教会の外から見る丸屋根は、この外側の丸屋根である。

どちらの丸屋根にしろ、丸屋根をつくるためには、まず木の棒を組み合わせて丸屋根の形をした型枠をつくる必要がある。これは、大工の技量が試される難しい仕事だった。美しいカーブを描いて網の目のように何万本もの木の棒を精緻に組み合わせてつくられた型枠は、それだけで立派な芸術作品のようである。また、彎曲部分に合った彎曲度と大きさに石を切ること、それをひとつひとつ正確に組んでゆくことは至難の技であり、コンピュータの助けなしには到底成し遂げられなかった仕事である。

二〇〇一年、内部の丸屋根が完成すると、直ちに外部の丸屋根づくりが進められた。

二〇〇三年七月一日、三三五五個の砂岩が正確無比に積まれて丸屋根が完成し、移動式屋根もとり払われて、フラウエン教会が姿を現した。屋根の重さ八三〇〇トン、高さにして二五メートル、直径一一～二六メートルの巨大なドームである。ゲオルゲ・ベーアの時代、丸屋根の完成までに二年を要した。二十一世紀は十三か月だった。今度こそ、かつてのように亀裂が入ることのないようにと、さまざまな工夫がこらされた。柱のときと同様に、均質な強度の新

巨大な丸屋根をアンカーボルトが支える。

しい石だけがミリ単位の正確さで置かれ、モルタルの質に気を使い、さらに、丸屋根にかかる重さを受け止め支えるために、鉄製のたが状のアンカーボルトが丸屋根の内側に締められた。また、丸屋根と外壁の境界部分（コーニス）には、丸屋根から下に向かって放射状にかかる力を受け止め真下に向かわせるため、多角形の強力なアンカーボルトが締められた。こうした種々の工夫によって、十分な強度を持つ丸屋根が完成し、ついに、石造の鐘（丸屋根）がよみがえったのである。

よみがえったバロックの色彩

二〇〇三年に丸屋根が完成すると、二〇〇四年にかけて外部では、鐘楼の建築が急ピッチで進められた。それと並行して二〇〇五年までに内部では、内装の仕事が集中的に行われた。塗装職人、鉄骨組立職人、大工、建具屋、指物師、電気工事師、修復技術師、画家、彫刻家らが総力を上げて作業を進めた。

壁を塗り、装飾を施し、金箔をつけ、ドアをつくり、窓をはめる、といった作業のほかに、二十一世紀にふさわしい設備が整えられた。床暖房がつけられ、換気、照明の工事が行われ、鐘楼へと昇るエレベーターが設置された。さらに、ベーアの時代にはなかった、出番を待つ聖歌隊や音楽家たちのための楽屋や洗面所などの衛生設備が備えられた。かつては木材でつくられていた二階以上の座席階は強度の関係から鉄骨でつくられた後、カラマツのフローリングが張られ、モミの木のベンチが据えられた。一階の床は壁と同じ砂岩が敷かれ、同じくモミの木のベンチが据え付けられた。

二〇〇五年、ドレスデンの画家クリストフ・ヴェッツェルは、二六メートルの高さのところにある内部の丸屋根の内側に天井画を復元させた。天井画の写真は残っていたものの、色彩については何ら情報がなく、どのような色を使って描いたらいいか、手探りの状態で仕事は始められた。ヴェッツェルはザクセンの同時代の教会を訪ね歩くと同時に、かつてフラウエン教会の天井画を描いたイタリア人画家ジョヴァンニ・バッティスタ・グローネの出身地であるヴェネツィアの教会を見て歩き、色のヒントを得た。顔料には、バロック時代の伝統にしたがって、亜麻油とクローブ油を混ぜたものに展色剤として一千個の卵を使い、八つに区切られた円の中に四人の福音史家とキリスト教の四つの徳を描き上げた。福音史家はマタイ、マルコ、ルカ、ヨハネであり、四つの徳である愛、慈悲、信仰、希望は、四人の女性によって寓意的に表現されている。明るいバラ色の天井に青と黄色、赤の柔らかな色彩が溶け込み、ここにバロック時代の色彩が見事に再現され、教会はかつての輝きを取り戻した。

フラウエン教会は「光の教会」である。教会の中に一歩足を踏み入れると、内部は光で満ちている。それは窓や天井から実際に光が射しこんでくるからであるが、しかし、それだけではなく、壁や柱が黄色で彩色されていることからも、そのような印象を受けるのだろう。正面の祭壇やオルガンに施された豊かな金の飾りも空間に輝きを与え、光を発している。光は神の象徴であり、フラウエン教会は神の家なのである。

黄色のほかに多用されている色はピンク（赤）と青である。赤は血の色であり、神の愛を表す。青は空の色であり、信仰を表す。このように、ひとつひとつの色にも意味があることを知って眺めてみると、教会建築に対する理解が深まるのではないだろうか。

祭壇の復元

天井画と並んで修復に困難を伴ったのが祭壇の彫刻である。一九九三年、考古学的解体の際、祭壇を飾っていたイエス・キリストの像が発見された。キリストの目の下には涙のようなものが見えたが、実はこれはパイプ・オルガンのパイプの錫が熱で溶けてキリストの顔にしたたり落ちた跡だった。祭壇の前の方にパイプ・オルガンが落ちたことで、それが祭壇を重い石の丸屋根の衝撃から守る役割を果たしたらしい。思ったより祭壇の損傷はひどくなく、祭壇の彫刻の背景の部分や祭台、ぶどうの房や麦の穂の彫刻、縦に溝の入った四本の柱などがそのまま使えることが判明した。それに加えて、掘り出し、拾い集めた石のかけらが二千個にもなり、もとの祭壇の約八〇パーセントにも達した。足りない部分は補い、欠けている部分は新たにつくり直して修復は進められた。

何人もの修復士、石工、彫刻家が力を合わせ、気の遠くなるような忍耐強さで熱可塑性樹脂とのみと石膏型とを使って、古い部分と新しい部分とをつなぎ合わせていった。

彫刻家ヴィンツェンツ・ヴァニチュケは祭壇の完全に破壊された部分、すなわち、三人の天使と祭壇の上部の幅四メートルの光輪の製作を任された。一九三三年の色あせた写真だけをたよりに、お告げの天使を象《かたど》るだけでも五か月を要した。なぜなら、「一回彫るたびに、祭壇に組んだ足場から下に降りては教会の内陣まで下がり、一九三三年の写真の位置と自分の像とが合っているかどうかを、遠くから確かめた(6)」からである。

このような並々ならぬ努力のかいあって、祭壇の復元は見事に成し遂げられた。その際、祭壇をすっかりきれいに修復するのではなく、戦争の破壊の傷跡が残るようにと、古い部分はあえて彩色もはげ落ちたままの状態で復元が行われた。

ここで、天才彫刻家ファイゲがつくり、ヴァニチュケらが復元した祭壇の様子を描写しておこう。中心はゲッセマネの園でひざまずいて神に祈るイエス・キリストの像である。十字架の受難を目前に控え、「父よ、御心なら、この杯をわたしから取りのけてください。しかし、わたしの願いではなく、御心のままに行ってください」と苦しみに満ちた表情で祈るイエスの姿が彫られている。両手を組み、顔を天に向けて必死に祈るイエスを、天から現れ出た天使が力づけている。ほとんど垂直に等しい方向で上から下に浮遊する天使の姿には、本当に天から降りて来たかのような臨場感が漂う。それと同時に、輝く金の翼と確信に満ちた力強い天使の表情が神の全能を伝えている。イエスの頭上、祭壇の上部には黄金に輝く光輪が四方八方に光を発し、神の栄光を示している。光輪に群がる雲の中心に「神の目」があり、どんなときにも神が私たちを見守っていることが表されている。

人の子であるイエス（下）から神（上）への動き、神、または天使（上）から人の子イエス（下）への動きが非常にダイナミックで、人の子としての極限までの苦しみと神への信頼、神の栄光が劇的に表現されている。背景には、イエスが祈っている間眠り込んでいた弟子たちの姿と、イエスを逮捕しようとゲッセマネの園に入ってくるユダと衛兵たちの姿が彫られており、まさに目でみる聖書、目で見る説教となって私たちに語りかけてくる。

イエス・キリストの像の下の方には、左に麦の穂、右にぶどうの房の彫刻が飾られている。麦の穂はパンを、ぶどうはぶどう酒を表している。最後の晩餐でイエスが弟子たちに分け与えたパンとぶどう酒であり、神の血と肉である。

祭壇の両端には、旧約聖書の中の二人の重要な人物、十戒を手にしたモーセが左に、モーセの兄アロンが右にすわっている。それぞれの隣には新約聖書の中の重要な人物、キリスト教の伝道に一生を捧げたパウロとフィリポが立っている。神のことばがモーセに伝えられた旧約聖書の時代から、イエス・キリストの受難を経てキリスト教が世界に伝道されるまでを、この祭壇は表している。その中心にあるのは、キリストの受難であり、神の栄光である。

新しいオルガン

戦前のフラウエン教会のオルガンは、ザクセンの有名なオルガン建造家、ゴットフリート・ジルバーマンの作品であり、三つの手鍵盤と四十三のストップを有するドイツ全土で最も大きなオルガンのひとつに数えられていた。一七三六年、J・S・バッハが演奏したことでも知られている。

このオルガンをどのように復元するかをめぐっては、専門家の間で活発な意見交換が行われた。オルガンの外見については、もとの通りに復元することで意見が一致したが、音については意見が分かれた。オルガンが礼拝だけでなくコンサートでも使われることを考えると、昔のままのバロック時代のオルガンでは、現代曲は演奏しづらい。喧々諤々《けんけんがくがく》たる議論の末に、バロックの外観をした現代のオルガンを建造することで、最終的に意見がまとまった。

この決定に基づき、フラウエン教会財団は二〇〇三年二月、一五〇万ユーロでストラスブールのダニエル・ケルン社にオルガンの建造を委託した。そして二年後の二〇〇五年六月、オルガンは教会の中に据え付けられて完成し、音程、音色の調整が行われた。四つの手鍵盤と六十七のストップ、四千八百七十六本のパイプを有する壮大なオルガンで、ベーアの頃とは異なり、オルガン本体から少し離れたところにもパイプが設置された。ダニエル・ケルン社はジルバーマン・オルガンの明るく豊かな響きの特徴を生かしつつ、バロックからロマン派、現代音楽ま

ダニエル・ケルン社によって建造されたフラウエン教会のオルガン。

での演奏を網羅する幅広い音域と音色を持つオルガンを完成させた。

パイプ・オルガンの上部両脇にはラッパを手にした天使とラッパを吹く天使が腰かけ、中央にはS・D・G（Soli Deo Gloria＝「ただ神の栄光のために」）の文字が刻まれている。

今、フラウエン教会にオルガンの音が聞こえない日はない。毎日その輝かしい響きでS・D・Gの頭文字の通り、神の栄光を讃えている。

総監督エーバハルト・ブルガー

再建の監督の指揮をとったのはエーバハルト・ブルガーだった。身長一メートル九〇センチの堂々たる体躯に温かい人

総監督エーバハルト・ブルガー。

柄を感じさせるピンク色の顔、決してまとまることのない豊かな白い巻き毛に白いひげは、まるでサンタクロースの風貌を思わせる。敬虔なプロテスタント信者で、祖父はカントル（教会聖歌隊長）、息子は十字架合唱団の団員だった。彼自身はドレスデン工科大学で建築工学を学び、一九八〇年から一九九二年までザクセンのルター派福音教会局の建築顧問官を務めていた。ザクセン州のいくつかの教会の修復と建築に携わり、なかでも、ドレスデン市内にある三王教会はブルガーの手によって再建されたものである。

ブルガーは、再建をめぐっての初期の激しい論争と対立に巻き込まれ中傷に深く傷つきながらも、再建の正当性と実現の可能性を固く信じていた。平静に、理性的に、真の討議が行われることを祈りつつ、黙々と再建の準備を進め、再建のゴーサインが出るのを待った。

やがて再建が始まり、工事が進むにつれて、しだいに反対の声は聞かれなくなっていった。かつての反対者に「ここまで進んできているなら、ぼくも協力するよ」と言われて、ブルガーはどんな気持ちだっただろう。また、多くのドレスデン市民に「工事の進み具合を見に、十四日ごとにここに来ているんです」と声をかけられたり、学校の先生たちが生徒やお客さんを頻繁に連れて来ては、誇らしげに建築現場を見せに来るに及んで、ブルガーは「本当にうれしかった。私たち建築家がこのプロジェクトに参加できるのは、どんなにすばらしい、そして、またとない恵みであるかを知らされた(5)」と語っている。

現場はブルガーの指揮のもと、特別な精神で満たされていた。教会再建の意義と重要性が現場の人間にも最初から完全に共有されており、建築家も職人もブルガーを中心に心をひとつにして、非常な熱心さと畏れをもって働いていた。ブルガーはキリスト教徒ではなかった石工たちに信じる心を手ほどきした。幼い頃に歌った讃美歌を石工たちが何十年かぶりに涙を浮かべて歌う光景に心を動かされた記者もいる。

ブルガーは教会の足もとの事務所からすべてを指揮した。ＩＰＲＯの建築家や技術者たちとありとあらゆる点について協議し、決定を下した。ベーアの時代にはなかった暖房やエレベーターの設置、雨樋、丸屋根にかかる圧力をどう分散させるかなど、難題は少なくなかった。二〇〇二年夏、ドレスデンを襲った世紀の大洪水のときには、地下教会の丸天井は四〇センチもの水につかった。ブルガーはポンプによる水の汲み上げで、エルベ河の汚水の浸入から教会を守りぬいた。

一大プロジェクトを成し遂げたブルガーは、しかし、自分の功績を語らない。「教会を建てたのはゲオルゲ・ベーアで、設計事務所が時代に合わせてそれを改良し、技術者集団が計算によって完成させた[6]」とあくまで謙虚である。

もうひとつ、ブルガーのフラウエン教会再建に寄せる思いを、ブルガー自身の言葉を借りてここに語ろう。『フラウエン教会からの礼拝説教[1]』という本の前書きからの一節である。「教会を訪れた人は静かになるため、神の言葉に耳を傾けるため、フラウエン教会を体で感じるため、歌い、祈り、恵みを受け取るために、一時間近くをここで過ごす。人々の心に残るのはオルガンの響きだけではない。御言葉が人々の心に残り、心を動かすのである。その様を私はこの目で何度も見てきた。これまでの努力と働きがむだではなかったこと、豊かな実りを結んでいることを知ることができ、建築に携わる者として、これほどうれしいことはない。神と人への感謝の念でいっぱいである。」

IX章　献堂式

神の国を何にたとえようか。どのようなたとえで示そうか。それは、からし種のようなものである。土に蒔くときには、地上のどんな種より小さいが、蒔くと、成長してどんな野菜よりも大きくなり、葉の陰に空の鳥が巣を作れるほど大きな枝を張る。

（マルコによる福音書　四章三十節〜三十二節）

献堂式

二〇〇五年十月三十日朝、空もまた、この晴れの日を祝福しているかのようだった。澄みきった青空のもと、教会前の広場は六万人を超える市民で埋めつくされていた。この日、待ちに待ったフラウエン教会の再建完成を祝う献堂式の礼拝が始まろうとしていた。朝十時、教会の八つの鐘が一斉に打ち鳴らされて礼拝の始まりを告げると、聖書、聖餐杯など聖餐式に使われる道具、釘の十字架を捧げ持った少年・少女たち、そして、主教・牧師から成る行列が、教会前の広場から再建成った教会の中へとゆっくり入っていった。

教会堂にはメルケル首相、ケーラー大統領、シュレーダー前首相など政界の代表者、経済

献堂式当日、フラウエン教会前の広場を六万人を超える市民が埋めた。

界・学者・文化人の代表者、イギリス王室からケント公など千八百人が席を埋めていた。推進協会をはじめ、ドイツ各地・世界各国の支援団体のメンバーら千二百人分の席も用意されていた。

教会の中に入れなかった人々は、教会前の広場に置かれた巨大なスクリーンで献堂式の一部始終を見守り、気持ちの上ではともに礼拝に出席した。さらに、何百万という人々が歴史的な瞬間を見届けようと、ＺＤＦ（ドイツ中央テレビ）のテレビ中継に見入っていた。

献堂式では、説教壇、洗礼盤、祭壇、オルガンが、ひとつひとつ順に、神に奉仕する道具として用いられるようにと奉献されていった。そのたびに聖句が朗読され、祈りが捧げられ、讃美歌が歌われた。ギュトラー率いる吹奏楽団がトランペットを奏で、それに合わせて会衆が歌う。フラウエン教会合唱団が歌い、十字架合唱団が歌う。オルガンが披露され、それに合わせて会衆が歌う。そのたびに、賛美の歌声が石の丸屋根にこだまし、教会堂を豊かに満たした。

ホルスト・ケーラー大統領の演説

献堂式では、ザクセン州主教ヨッヘン・ボール牧師が説教した後に、ドイツの大統領ホルスト・ケーラーが演説を行った。そのスピーチを、(14) 献堂式の雰囲気を味わい追体験するために、聞いてみよう。

I

「町の平安を求めなさい。」預言者エレミヤのこの呼びかけは、フラウエン教会の鐘のひとつに刻まれているものです。

ここにお集まりの皆さん、本日我々が完成を祝っているこの教会の建物は、自由な市民が成し得る最良のものであります。このすばらしい建築は、単なる建物以上のものであり、我々をひとつに結びつける善なるものを証しています。

演説するケーラー大統領。

ドレスデン・フラウエン教会は一七四三年に完成して以来、最も美しいプロテスタントの教会建築と称されましたが、第二次世界大戦後、何よりも痛ましい思い出となり、傷となり、その廃墟は、破壊と理不尽な暴力に対する警告の記念碑となりました。しかし、一九八九年秋になると、多くのドレスデン市民が東ドイツ時代を通じてずっと心にあたためてきた夢を実現させる再建プロジェクトが始まりました。それには、一〇〇〇立方メートル以上もの砂岩が必要で、十年以上かけてその石が積まれることになりました。また、一億ユーロをはるかに超える資金が必要で、それだけの費用を建設にかけることになったのです。しかし、何より必要だったのは、夢を実行に移す力と必ず実現できるという確信、それにドレスデンとドレスデンから遠く離れた場所に住む人々のたゆまぬ努力でした。

II

今月、我々はドイツ統一十五周年を祝いました。いったん、ここで一九九〇年の昔に戻って考えてみましょう。当時、フラウエン教会再建のようなプロジェクトは、時代の要請からはずれたものに思われたのではないでしょうか。東部ドイツには道路、住宅、工場の方が高価な教会建築より必要とされていたのではないでしょうか。けれども、一市民グループはこう宣言したのです。「ドレスデンにはもっと必要なものがある！」と。この市民の言うことが正しかったことが、今では我々にも理解できます。人はパンによって生きるが、パンのみによって生きるのではないのです。一九八九年という年が我々ドイツ人に示したものは、呼吸に空気が必要なように、人には自由が必要だ、ということです。同時に、自由というものは、自己中心的、独裁的にではなく、他の人々と協力することによって得られるものだ、ということです。自由な精神で個々人が責任を持って力を合わせること、これこそが統一をもたらす結束であり、これこそが偉大な目標を掲げ、周囲の世界を善きものへと変える原動力となったのです。

ドレスデンの人々が連帯し始めたのは、二十五年ほど前のことでした。一九八二年二月十三日、あの空襲があった日と同じ日の晩、何百人という人々がフラウエン教会廃墟に集まりました。破壊の場所で、人々は戦争に反対し平和を願うデモを行おうとしたのです。集まることで、ろうそくとビラで、人々は平和運動を勇気を持って公にしました。しかし、人々が平和への願いを何の断りも統制もなく表したという事実は、SED（社会主義統一党）国家に、フラウエン教会廃墟での自発的な政治集会をやめさせるじゅうぶんな理由になりました。これ以降は、一年に一回、国家によって組織されたデモが行われるようになりました。

しかし、自由、言論の自由、民主主義への欲求を抑え続けることも、封じ込めることもできませんでした。一九八九年秋になり、ドイツ統一の時がやって来ました。そして、それとともに、フラウエン教会再建の夢が見えてきたのです。

当時、十四人のドレスデン市民が最初の決定的な一歩を踏み出しました。彼らはすでに一九八九年十一月末に、フラウエン教会再建のための市民運動の会を結成していました。メンバーは目標の達成を信じ、自発的に先頭に立って、今日この日が来るとはほとんどだれも想像もできなかった時期に、プロジェクトを率いました。彼らには次のような明確な考えがありました。「町は建物の集合以上のものである。町を活かすのは、町に最善ののを求める市民の行動力と態度なのだ。」

III

ゲルハルト・ハウプトマンは、一九四五年にこう言いました。「泣くことを忘れた者も壊滅したドレスデンを見れば、また涙を流すだろう。」六十年経った今、次の言葉を付け加えましょう。「信頼をなくした者は再建成ったフラウエン教会を目にすれば、再び信じる力を取り戻すだろう」と。多くの人が悩みを抱え、未来に対する不安を抱えている今の時代に、これは意味ある言葉と言えましょう。

再建がドレスデンを変え、ザクセンを変え、そしてドイツを変えました。そして、私たちに「商工業地域、道路、研究所が老朽化していると言っても、我が国にはそれ以上に切実に必要なものがある」ということを教えてくれました。我々は今日、この教会の運命が国中の人を動かし、熱狂させ、互いを結束させたことを祝っています。フラウエン教会再建は類まれなる方法で、市民社会と市民の中に眠っていた善なるものを引き出し、それを目に見える形で表したのです。

しかも、フラウエン教会が市民からこの力を引き出したのは、これが最初ではありませんでした。すでに一七二六年当時、教会の建築は上からのお達しによるものではなく、ドレスデン市民自身の決定によるものでした。ザクセンの選帝侯ではなく、ドレスデンの市議会が教会の建設をやり遂げたのです。さらに、必要な資金を調達する工夫において、十八世紀にも奇想天外なアイディアに欠きませんでした。建築くじが企画され、裕福なドレスデン市民は自分たちの馬を石の輸送に貸しました。それどころか、建設を進めるために、追加のビール税の導入さえ検討されました。もっとも、その案は頓挫しました。周知のように、ビールはザクセンだけの楽しみではないのですから。

IV

このたびの再建プロジェクトを主導した人々も、寄付金集めにかけては負けてはいませんでした。寄付金証書の発行、フラウエン教会の石の寄贈者の募集、古い壁の破片を入れた時計の販売、チャリティー・コンサートの開催、それに寄付者との数えきれない会談によって、何百万ユーロものお金が集まりました。私はフラウエン教会のために力を尽くしたすべての人に感謝します。その方々すべてを代表して、ほんのいくつかではありますが、例を挙げさせていただきたいと思います。

ドレスデンのタクシー運転手協同組合は、無線で呼び出しを受けて客を乗せるたび、一ペニヒを再建のために寄付することを表明し、何年にもわたってそれを実行しました。

ドレスデン・ピルニッツ農工大学の学生たちは、人工衛星を頼りに実習農場で農業機械を使って非常に正確に種まきを行い、一五〇〇メートル四方の大きさのフラウエン教会のロゴの複写をライ麦とシロガラシでつくることに成功しました。

イギリスの手工業者たちは黄金の十字架を製作するに当たって、その手腕を発揮しました。

政治囚として四年以上もの間、悪名高い東ドイツのヴァルトハイム刑務所に入れられていたヴェルナー・ヤーン氏は、自分の保釈金を再建のために寄付しました。

そして、ポーランドの町ゴスティンからの使節団の皆様にこの式典への臨席を賜ったこと、これ以上に我々に希望を与える出来事があるでしょうか。この方々の十二人の息子さんたちは一九四二年、抵抗運動の闘士として、ここから遠くないミュンヒナー広場にある地方裁判所の建物の中でナチスによって処刑されました。ほかならぬこの町で、抵抗グループの一員であり、生き残りであるマリアン・ソブコヴィアク氏は、他の市民とともにフラウエン教会のためにお金を集め、この教会の塔の上にのせる炎のゴブレットの製作を一人のポーランドの石工に託したのです。このことほど、我々を勇気づける出来事はほかに考えられません。

これらの例はすべて、この教会の建設がこの町にもたらした非凡さと創造性と善なるものを証するものです。そして、再建されたフラウエン教会は、民族間の相互理解を進めてきた世界中の人々を、そして、ヨーロッパでも世界のどこでも、もう二度と戦争が起こらないようにと願う人々を結びつけます。

学校の子どもたちに「平和の所産としてのヨーロッパ」という言葉の意味を説明しようと思う人には、私はドレスデンとコベントリーへの修学旅行をおすすめします。このふたつの友好都市は、歴史を通じて常に密接な関係にある両都市のイギリス人とドイツ人を、何十年にもわたって結びつけることに成功しました。ドレスデン・トラストは、ドレスデンとフラウエン教会再建を英国の多くの人々にとって身近なものとしました。大群をなしてやって来た爆撃の後にだれが今日を想像し得たでしょうか。

平和は贈り物であり、その実現のためには常に努力が必要です。そして、和解は、時によってほとんど奇跡にも等しい成果をもたらします。ドレスデン・フラウエン教会は、平和と和解のために国を越えともに手をたずさえてさらにいっそう力を尽くすよう、私たちを励ましています。

V

ここドレスデンで成し遂げられたことは、ドイツ全土に勇気を与えることでしょう。フラウエン教会の再建は全ドイツの功績です。我々は、ドレスデンとザクセン州の手工業者と設計者に敬意を表します。教会の鐘はバーデン・ビュルテンベルク州のバート・フリードリヒスハルで鋳造されました。二階以上のベンチの木材はシュヴァルツヴァルトで伐採され、ケムニッツで加工されました。このように、フラウエン教会は、我々ドイツ人を結びつけるものが何かを、我々が一致団結したとき何を成し遂げうるかを、端的に表しています。

今ここに、ひとつの教会が再建されました。この場所は喜びと希望にあふれたときも、疑問と不安を抱えたときも集うことができる場所であり、人と人とが出会う場所、人と人とを結びつける場所であります。その一例として、一九九三年、戦後初めて行われたクリスマス前夜礼拝を挙げましょう。そのとき、五万人を超える人々がフラウエン教会廃墟に詰めかけ、ヘンペル主教が現れ出た祭壇の前でルカによる福音書の中からクリスマスの物語を朗読しました。

願わくは、この教会の完成を可能にした勇気と熱狂、確信が私たち一人一人にも少しずつ分け与えられますように。

ドレスデンの町とその市民、友人の皆さんが、フラウエン教会を見るたびに、自由な市民として最善をめざして努力することこそが私たちをひとつに結びつけるのだということを、どうか思い出してくださいますように。

そして、私たちがひとつに結ばれたときにこそ、善は成し遂げられるのだということを、ドレスデン・フラウエン教会がいつも私たちに思い出させてくれますように、と願っています。

我々ドイツ人は世界中の友人の皆さんとともに、我々の歴史に新しい一章を書き加えます。

エリザベス女王は私に書簡をくださいました。フラウエン教会の再建を喜んでくださり、すべてのドイツ国民、とりわけ、ドレスデン市民に心からの祝辞を伝えてほしいと私に託されました。私は喜んで女王陛下からのメッセージをお伝えします。

今まで述べてきたすべてのことから、教会が何を証しているかが明らかにされました。和解の力と我々をひとつに結びつける絆です。このことを常に心に留めておきさえすれば、今我々がともに書き記すこの一章は必ずや善き一章となるでしょう。

最初の三日間の祝祭

十月三十日から十一月一日までの最初の三日間、教会の完成を祝うさまざまな催しが行われた。十月三十日夕方には超教派（宗派を問わない）の礼拝が行われ、コベントリー司教コリン・ベネッツが説教した。翌三十一日の宗教改革記念日にも記念礼拝が行われ、千三百人が出席し、実に六十一年ぶりに聖餐式がとり行われた。

フラウエン教会のオルガニストに就任したザムエル・クマーは三日間連続でオルガン・コンサートを開き、バッハ、ブラームス、レーガーなどの作品を演奏して、人々に新しいオルガンの音を届けた。

献堂式の時には教会の中に入れなかった人々も、三十日の礼拝後は中に入ることができた。午後二時頃ドアが開かれ、その日は一晩中朝まで教会内部が開放された。最初の一時間で何と三万人が再建成ったフラウエン教会の中に入った。三日間では計一十五万人が教会を見学したという。立錐の余地のないほどの密集状態で長時間スクリーンを見守り続けた人々、延々と延びる長蛇の列について中に入れるまで辛抱強く待った人々、そのどの顔にも苛立ちの表情は見られなかった。期待と希望に満ちて人々は自分の番が来るのを待ち、喜びと感激で心を満たされて教会を後にしたのである。

X章　現代に生きるフラウエン教会

その日、すなわち週の初めの日の夕方、弟子たちはユダヤ人を恐れて、自分たちのいる家の戸に鍵をかけていた。そこへ、イエスが真ん中に立ち、「あなたがたに平和があるように」と言われた。そう言って、手とわき腹とをお見せになった。弟子たちは、主を見て喜んだ。イエスは重ねて言われた。「あなたがたに平和があるように。父がわたしをお遣わしになったように、わたしもあなたがたを遣わす。」

（ヨハネによる福音書　二十章十九節〜二十一節）

あなたがたに平和があるように

フラウエン教会が再建されて、ドレスデンは町の魂を取り戻した。「ドレスデンからの呼びかけ」を起草した最初の九人の一人であり、推進協会のメンバーであるハンス・ヨアヒム・ナイトハルト博士の言葉を借りて言えば、「町の心臓が再び鼓動を打ち始めた」(5)のである。

毎日一万人もの旅行者がフラウエン教会を見学に訪れ、そのうち約三分の一が礼拝にも出席する。もちろん旅行者だけでなく、折に触れてドレスデン市民も礼拝やさまざまな催しに出席する。特に、クリスマスの前夜礼拝や二月十三日のドレスデン大空襲のあった日には、大勢のドレスデン市民が教会に集う。フラウエン教会はここを訪れるすべての人を迎え入れている。建築の美しさを堪能したい人、平和について考えたい人、和解の印を確かめたい人、オルガンやさまざまな音楽を鑑賞したい人、ひとり静かに瞑想にふけりたい人、地下教会で行われる朗読会や講演会、討論会に出席したい人など、多様な目的で教会にやって来る人を宗教、宗派、国籍に関係なく受け入れ、人と人とが出会う場所を提供している。

しかし、何と言っても教会の核にあるのは、日々の礼拝である。月曜から土曜まで「平和の鐘」とともに始まるオルガン礼拝が正午から、月曜・火曜・水曜・金曜日は十八時から夕拝がある。毎週木曜日十八時からは地下教会で超教派の祈禱会が行われる。日曜の主日礼拝は十一

フラウエン教会では毎日礼拝が行われる。

時と十八時からの二回行われ、そのうち午前の礼拝は声楽の、夕方の礼拝は器楽の演奏を伴ったものである。

この例からもわかるように、フラウエン教会では音楽、とりわけ、教会音楽が重要な役割を果たしている。年間百三十ものコンサート、百八十ほどの教会音楽つきの礼拝、そして五百回を超えるオルガン礼拝が守られている。まさに、一年中音楽が鳴り響いていると言っても過言ではない。神の言葉を伝えるものとして、説教と並んで音楽を重視していたルター派プロテスタントの伝統を、フラウエン教会は確実に受け継いでいる。なかでも頻繁に演奏されるのがJ・S・バッハで、毎年クリスマスにはバッハのクリスマス・オラトリオが、受難節にはバッハの受難曲が教会堂に響きわたる。

このように、現代に生きて働く「神の家」として、フラウエン教会では実に毎日祈りが捧げられ、オルガンが鳴り響き、讃美歌が歌われ、聖書が読まれ、神の言葉が語られている。そうして、毎日大勢の旅行者が礼拝に出席し、御言葉を胸にそれぞれの故郷の町へと帰ってゆく。為政者によってキリスト教が徹底的に遠ざけられていた旧東ドイツの町で、また、教会の礼拝出席者が減り続ける現代において、これは驚くべきことではないだろうか。

フラウエン教会の会堂の右前方に、掘り起こされた黒く歪んだかつての十字架が立っている。

戦前フラウエン教会の一番上を飾っていた十字架は、
掘り起こされ、現在では会堂の右前方に置かれている。

そしてそのそばに、ノートと「あなたがたに平和があるように」(Friede《フリーデ》 sei《ザイ》 mit《ミット》 Euch《オイヒ》!)と書かれたろうそくが置かれている。教会を訪れた者はだれでも、ろうそくに火を灯し、ノートに感想を記入することができる。ろうそくに記されたこの言葉は、ヨハネによる福音書二十章十九節からの言葉である。イエスが十字架にかけられて死んで後、弟子たちはすべての希望を失い、ユダヤ人を恐れて家の中に閉じこもっていた。そこに復活したイエスが現れ、弟子たちに聖霊を授けると、平和のメッセージを人々に伝えるよう、弟子たちを励ました。その時の言葉が「あなたがたに平和があるように。父がわたしをお遣わしになったように、わたしもあなたがたを遣わす」である。この言葉こそが、フラウエン教会が私たちに伝えているメッセージであり、石が、鐘が、オルガンが、金の十字架が、釘の十字架が、そして、牧師の説教が全身全霊で伝えているメッセージである。

フラウエン教会に連なる者はだれでも、このメッセージを受け止め、さらに、神から与えられたこの平和のメッセージを人々に伝える使者となるよう、招かれ、促されている。

フラウエン教会からの説教

フラウエン教会の牧師をつとめる二人の牧師、セバスティアン・ファイト牧師とホルガー・トロイトマン牧師の説教集が一冊の本になって『フラウエン教会からの礼拝』(„Andachten aus der Frauenkirche“[1]）というタイトルで出版されている。その中からひとつ、トロイトマン牧師の説教をここに紹介しよう。

悪に負けることなく善をもって悪に勝ちなさい。

（ローマの信徒への手紙　十二章二十一節）

この聖句で問われているのは、「幻想」〔訳注：実行不可能と思われていること〕を信じて実行する力です。時に、小さなしるしが大きなものを生み出すことがあります。一九四〇年にドイツの爆撃機がイングランド中部の町コベントリーを空爆し、美しいコベントリー大聖堂を破壊したときもそうでした。その時、何をすべきだったか問われていたのは、「幻想」を信じて実行する力でした。非常事態が一段落し、最初の人命救助が行われたその後で、この町の聖職者としては、ほかに何ができるでしょうか。怒りがふつふつとこみ上げ、復讐の念が湧き起こってくるその時に、何ができると言うのでしょうか。リチャード・ホワード司祭は何をしたか、彼は教会の梁をつなぎとめていた釘を拾い、十字架の形に組み合わせると、その下に「父よ、赦したまえ」という言葉を記したのです。これは、大聖堂を愛する心と聖書の言葉に忠実に従おうとする心ゆえの業《わざ》だったのではないでしょうか。ローマの信徒への手紙の中に書かれている勧告「悪に負けることなく善をもって悪に勝ちかっています。

なさい」にいかにして従うか、それは幻想と思われていることを信じて実行する力にか

キリストを信じる者はこの世の悪にふたをすることなく、正面から向き合っています。教会が現実にある悪を見すえない限り、愛という最も尊ぶべき善を堂々と宣べ伝えることはできません。この世の悪は、三つの異なるあり方で存在します。第一に、他人が私に悪をなすときに、悪の現れを最も強く感じます。私たちは友人がいるだけでなく、敵対し合ってもいるのです。釘の十字架の一本目の釘は、その先端を私に向けています。キリストから私たちに向けて発せられた大きな課題、それは、「あなた方の友を愛するだけでなく、あなた方の敵に対しても愛の力を発揮しなさい」ということでした。悪をもって悪に酬いない、ここで問われているのは幻想を信じて実行する力です。

二番目の悪は、この私自身も悪から逃れ得ないということです。私たちのだれもが他人の体や心を傷つける可能性と無縁ではありません。釘の十字架の横木の二番目の釘は、その先端を私たちからそれて他人を指し示しています。悪が自分の中にも存在するという現実に気づくだけでなく、その現実とどう向き合うべきか、幻想を信じて実行する力が問われています。釘の十字架の名のもとに「父よ、赦したまえ」と祈る祈りは、「主よ、彼らを赦したまえ」という祈りにとどまらず、それを越えたものとなります。なぜなら、この祈りは、何か争いが起こった際、どちらか一方の側だけに非があることはない、という告白を含んでいるからです。

第三に存在する悪とは、苦しむ者を前にして私たちがどうにもすることのできない悪です。何の咎《とが》もなくして苦しみが、病気や事故が、私たちに襲いかかります。それを神のせいにするのは、単純すぎます。かと言って、悪いのは自分のせいだと考えるのも酷なことですし、神の御心にかなったことではないでしょう。「悪に負けることなく」とは、たとえ苦しみの意味が理解できず、その状況を変えることができなくても、恨んではいけないという意味です。「善をもって悪に勝ちなさい」とは、不自由に甘んじることなく、自分に残された可能性を喜びをもって生かしなさい、という意味です。釘の十字架の三番目の釘は、神をも自分をも呪うのではなく、愛の神の名のもとに悪を打ち消しているのです。

フラウエン教会のこわれた祭台の上に釘の十字架が立っています。これはコベントリーからの贈り物です。神の子イエス・キリストを通して人が神と和解したことを表すと同時に、人と人、民族と民族とが互いに和解するようにと、私たちを招いています。再建されたフラウエン教会もまた、私たちの行動が報復ではなく、愛の幻想を信じて実行するものとなるべきであることを、目に見える形で示しています。愛の幻想が善をもって悪に打ち勝つ力となるのです。

おわりに

崩落し、灰と瓦礫の山となった後も、フラウエン教会は人々の心の中に存在し続けた。その存在が年を追うごとに大きくなり、より確かなものになっていった時に、東西ドイツが統一され、再建が単なる夢物語ではなく、現実のものとして考えられるようになったのである。

フラウエン教会の再建は、多くの人にとって「あり得ない」と思うことを「絶対できる」と信ずる者たちによって成し遂げられた。彼らは瓦礫の山の中から教会を再建した。まさに、「一粒のからし種」が「鳥が巣をつくれるほど大きな枝」に成長したのである。

当初、再建に対する抵抗と反対の声は大きかった。なかでも、当の教会関係者からの拒否的反応が強かった。それでも、再建の先頭に立った人々の再建への意志と確信はいささかも揺らぐことがなかった。

再建が始まってみると、このプロジェクトはいつの間にか大勢の人々を熱狂の渦の中に巻き込んでいた。もとの祭壇が姿を現したとき、鐘が奉献されるとき、イギリスから贈られた金の十字架を塔の上に載せるとき、そのたびに何万人という市民が教会前の広場に集まり、喜びと希望を分かち合った。

フラウエン教会再建のための資金は、そのほとんどが市民からの寄付でまかなわれた。巨額の寄付金が集められたこと、この一大プロジェクトが成功したことをもって、「奇跡」と呼ぶことがある。私自身も、新しい白い石に混じってもとの黒い石が見事にはめこまれているフラウエン教会の姿を初めて見たとき、「奇跡」を感じた。しかし、フラウエン教会再建の物語を知るにつれて、ただ単に、人間にとってはあり得ない、夢のようなことが実現したから奇跡なのではないと思い知った。人間の目には不思議で驚くべきことに見えても、神の御心ならあり得ないことはなく、神の意志がそこに働き、神のみわざが実現したことこそが「奇跡」なのである。

目には見えない教会が目に見えるものとなって存在するようになった今、逆に私たちは、この目に見える教会を支えている目に見えない力に思いを致したい。そこに働いている力が失われない限り、フラウエン教会はドレスデンの地にいつまでも存在し続けるだろう。そうして、良き知らせを私たちに伝え続けるだろう。

過去を忘れてはいけないということ。
過去と未来はひとつにつながっているということ。
傷は癒すことができるということ。
人々の結束が善をもたらすということ。
山を動かすほどの信仰があれば、奇跡は起きるということ。

イエス・キリストによって私たちの罪は赦されており、
私たちも互いに赦し合うことができるということ。

あなたがたに平和があるように。
Friede《フリーデ》 sei《ザイ》 mit《ミット》 Euch《オイヒ》!
父がわたしをお遣わしになったように、わたしもあなたがたを遣わす。

二〇一五年、フラウエン教会再建十周年の年に。

フラウエン教会の歴史（年表）

一〇〇〇年頃　現在のフラウエン教会があった場所に最初の木造の教会が建てられる。
一一五〇年より後　ロマネスク様式の教会に建て替えられる。
一三八〇年頃　ゴチック様式の「我らが愛する聖母教会」が建てられる。
一七二二年　ドレスデン市議会が大工長ゲオルゲ・ベーアに教会の建て替えの任を命ずる。
一七二六年　八月二十六日：定礎式が行われる。
一七三四年　二月二十八日：オルガン、祭壇などは未完成のまま、献堂式が行われる。
一七三六年　石造の丸屋根が完成する。
十二月一日：J・S・バッハが奉献されたばかりのフラウエン教会のオルガンを演奏する。
一七三八年　三月十六日：ゲオルゲ・ベーアが死去する。
一七四三年　五月二十七日：塔の上に金の十字架がのせられる。
一七六八年　三月：J・W・ゲーテがドレスデンを訪れ、フラウエン教会の上からの景色を楽しむ。

一八一二年、一三年　教会はナポレオン皇帝により包囲され、倉庫、もしくは、軍隊の補給所として使われる。
一八六八年～九二年　教会堂内部の改装、並びに屋根の修理が行われる。
一九三八年～四二年　アルノー・キースリングとゲオルク・リュートの指示のもと、大規模な修繕が行われる。
一九四五年　二月十五日：空爆の二日後、フラウエン教会が屋根から崩れ落ちる。
一九六六年　ドレスデン市議会は教会廃墟を戦争に対する警告の記念碑とすることを決定する。
一九六七年　教会の完成した日と破壊された日を記した銘板が置かれる。
一九八二年　二月十三日：ろうそくを手にした人々が教会廃墟を訪れ、平和の祈りを捧げる。これ以降、毎年二月十三日に無言のデモが行われるようになる。
一九八九年　十二月十九日：旧西ドイツ首相、ヘルムート・コールが教会廃墟で演説を行う。
一九九〇年　二月十三日：フラウエン教会再建への協力を求めて、「ドレスデンからの呼びかけ」が発信される。
「ドレスデン・フラウエン教会の再建を進める会」が設立される。
一九九一年　ザクセン州の教会会議で、州教会は再建に合意することを決議する。
「フラウエン教会推進協会」と「フラウエン教会財団協会」が組織される。
一九九二年　ドレスデン市議会は、教会再建を承認する。

一九九三年　一月四日：考古学に基づく解体が始まる。
一九九四年　六月一日：塔の上の十字架が発掘される。
　　　　　　五月十一日：ゲオルゲ・ベーアの墓が発見される。
　　　　　　五月二十四日：解体が終了する。
一九九六年　五月二十七日：教会再建が始まる。
　　　　　　八月：「フラウエン教会財団」が正式に認可される。
二〇〇〇年　八月二十一日：地下教会が完成し、献堂式が行われる。
　　　　　　二月十三日：イギリスのドレスデン・トラストから委託を受けたケント公から塔の十字架が贈呈される。
二〇〇三年　十二月一日：五十五年ぶりにフラウエン教会の会堂内で礼拝が行われる。
　　　　　　五月四日：七つの新しい鐘が奉献される。
　　　　　　六月七日：初めて、すべての鐘が鳴らされる。
　　　　　　七月一日：「石造の鐘」（丸屋根）が完成する。
二〇〇四年　六月二十二日：塔の屋根と十字架が教会の一番上に引き上げられる。
二〇〇五年　十月三十日：献堂式が行われる。
二〇〇九年　六月五日：アメリカのオバマ大統領がメルケル首相とともに、フラウエン教会を訪れる。

二〇一〇年　八月：教会見学者が一千万人を超える。

引用・参考文献

1 Feydt, Sebastian und Treutmann, Holger: Andachten aus der Frauenkirche. Worte unter der Kuppel. — Evangelische Verlagsanstalt, Leipzig 2008

2 Görner, Eberhard: Ein Himmel aus Stein. George Bähr und die Frauenkirche zu Dresden. — Chemitzer Verlag, 4. Auflage 2006

3 Graf, Gerhard und Hein, Markus: Kleine Kirchengeschichte Sachsens. — Evangelische Verlagsanstalt, Leipzig, 4. Auflage 2009

4 Gretzschel, Matthias: Die Dresdner Frauenkirche. — Ellert & Richter Verlag, Hamburg 2006

5 Güttler, Ludwig: Der Wiederaufbau der Dresdner Frauenkirche. — Verlag Schnell & Steiner GmbH, Regensburg, 2. Auflage 2007

6 Helfricht, Jürgen: Die Dresdner Frauenkirche. Eine Chronik von 1000 bis heute. — Husum, Husum, 7. Auflage 2010

7 Helfricht, Jürgen: Dresden und seine Kirchen. — Evangelische Verlagsanstalt, Leipzig, 2. Auflage 2005

8 Stiftung Frauenkirche Dresden: Frauenkirche Dresden. — Evangelische Verlagsanstalt, Leipzig, 2. Auflage 2006

9 Stiftung Frauenkirche Dresden: Frauenkirchenführer für Kinder. — Evangelische Verlagsanstalt, Leipzig 2005

10 Stiftung Frauenkirche Dresden: Frauenkirche zu Dresden. — Michel Sandstein Verlag, Dresden, 2. Auflage, 2006

11　Zander, Helmut: Die Christen und die Friedensbewegungen in beiden deutschen Staaten. — In: Beiträge zur Politischen Wissenschaft Band 54, Drucker & Humblot, Berlin 1989

12　エーバハルト・ノイベルト『われらが革命　一九八九年から九〇年　ライプチッヒ、ベルリン、そしてドイツの統一』彩流社、二〇一〇年

13　山田晟『東西ドイツの分裂と再統一』有信堂、一九九五年

参考URL

14　http://www.frauenkirche-dresden.de/

参考DVD

15　Atlas Verlag Schweiz: Dresden. Von der Blüte bis zur Zerstörung — Polar Film+Medien GmbH, 2010

16　Dehnhardt, Sebastian: Das Drama von Dresden — Broadview TV ZDF, 2005

17　Stiftung Frauenkirche Dresden & Stadtmuseum Dresden: Die Frauenkirche zu Dresden. Werden — Wirkung — Wiederaufbau. 22. 10. 2005 - 31. 12. 2010

18　ZDF Enterprises: Frauenkirche Dresden — Polar Film+Medien GmbH, 2005

写真および図版出典一覧

カバー写真

表　現在のフラウエン教会：german-travel-book.com

フラウエン教会廃墟：commons.wikimedia.org

裏　de.wikipedia.org

口絵カラー写真

1p　prontotour.ru

2-3p　fhmedien.de

4p　deu.archinform.net

5p　commons.wikimedia.org

6p　commons.wikimedia.org

7p　Jörg Schöner

8-9p　unterkunft-reise.com

10p　Ulrich Hässler

本文中モノクロ写真

13p　de.wikipedia.org

24p　wikiart.org

25p　commons.wikimedia.org

30p　de.academic.ru

31p commons.wikimedia.org

36p commons.wikimedia.org

40p himmelwelt-gleich.de

43p commons.wikimedia.org

48p waltherhultsch.jimdo.com

50p hochtouren-dresden.de

59p Ulrich Hässler

61p Jörg Schöner

63p Jörg Schöner

65p Ulrich Hässler

68p metropole-dresden.de

71p de.wikipedia.org

81p Jörg Schöner

88p Jörg Schöner

91p public.fotki.com

94p mrsberry.de

103p Jörg Schöner

106p Ulrich Hässler

108p Ulrich Hässler

115p foto-san-o-mat.de

116p deu.archinform.net

121p epochtimes.de

123p rp-online.de

136p focus.de

137p 著者による

著者紹介

森泉朋子（もりいずみ・ともこ）

1963年東京生まれ。
上智大学ドイツ文学科卒業。
東京外国語大学大学院修士課程修了。
現在、東京工業大学、および、拓殖大学非常勤講師。
著書に『ドイツ詩を読む愉しみ　ゲーテからブレヒトまで』（鳥影社）。

ドレスデン　フラウエン教会の奇跡

二〇一五年一月一五日初版第一刷印刷
二〇一五年一月三〇日初版第一刷発行
定価（本体一六〇〇円＋税）

著者　森泉朋子
発行者　樋口至宏
発行所　鳥影社・ロゴス企画
長野県諏訪市四賀二二九—一（編集室）
電話　〇二六六—五三—二九〇三
東京都新宿区西新宿三—五—一二—7F
電話　〇三—五七六三—三五七〇
印刷　モリモト印刷
製本　高地製本

乱丁・落丁はお取り替えいたします
©2015 by MORIIZUMI Tomoko printed in Japan

ISBN978-4-86265-478-6 C0022

好評既刊

（表示価格は税込みです）

ドイツ詩を読む愉しみ

森泉朋子 編訳

ゲーテからブレヒトまで　古典期から二〇世紀までの五十編を珠玉の訳と瑞々しい随筆で贈る。　１７２８円

激動のなかを書きぬく

山口知三

二〇世紀前半のドイツの作家たち　クラウス・マン、Ｗ・ケッペン、Ｔ・マンの時代との対峙の仕方　３１３２円

語りの多声性

長谷川純

デーブリーンの小説「ハムレット」をめぐって　物語を読む、語るという行為からその世界を読む。　２３７６円

放浪のユダヤ人作家 ヨーゼフ・ロート

平田達治

スラブ的朴訥、ユダヤ的敬虔、オーストリア的憂愁を書いた作家の全貌を現地調査から描く大作　３４５６円

境界としてのテクスト

三谷研爾

カフカ・物語・言説　カフカにおける物語の可能性、カフカ文学の文化史的位相と受容史を問う　１８３６円